比較政府與政治

2022年最新版

胡祖慶・著

五南圖書出版公司 印行

　　這次改版延續第八版的寫作方式，期望學習者能夠更客觀地瞭解西方民主國家制度運作的優缺點。

　　2016年以後西方民主國家相繼面對善治危機。在英國，卡麥隆啟動脫歐公投遭到反噬，辭職下台。繼任的梅伊也未能汲取教訓，援引2011年通過的「國會任期固定法」解散國會，提前改選。2017年選舉結果，保守黨未能單獨過半，被迫和北愛爾蘭基督民主黨組成同盟。2022年，強生深陷「派對門」危機，政局益發動盪。

　　在美國，2016年川普打破多數民調預測，當選總統。回想是年七月在共和黨主席蒲博思包廂外頭和他不期而遇，仍舊覺得「行萬里路」對於撰寫本書有著不可或缺的重要性。2021年1月，川粉暴力攻打國會山莊，川普在整起事件當中扮演的角色至今爭議不斷。

　　2017年，馬克宏當選法國總統，並在2022年連任成功。然而，在2022年的總統和國會改選當中，極左的新左派同盟和極右的民族聯盟大有斬獲，阻止馬克宏中間偏右的政黨同盟取得過半國會席次。展望未來，法國政局勢將面臨更多挑戰。

　　第九版問世和本書初次付梓之間相隔20年，長女修恩和次女修真轉眼長大成人。我要再次感謝內人世敏的相互扶持，以及兩個女兒的乖

巧陪伴。作者才疏學淺，筆下誤漏之處在所難免，尚祈學界先進不吝賜正。

胡祖慶　謹識

2022年6月於東海路寓所

目　錄

　　討論比較政府，必須先釐清權力概念。政治權力是種現象。擁有權力的人能夠讓別人做他們不想做的事，以及不做他們想做的事。統治者和被治者之間存在命令和服從關係。現實生活當中的權力現象複雜得多。命令和服從往往不是全有全無的。統治者有些時候需要服從，被治者也可能得到發號施令的機會。

　　進入現代國家，政府成為政治權力的擁有者。官員職責包括預判、宣導、決策和協調。政府能夠控制國家的政策方針，對內維持秩序，對外保障安全。相關公權力機構包括行政、立法和司法部門。在這當中，行政部門幾乎壟斷統治者的功能，立法部門則是負責監督。

　　要得到被治者信任，統治者必須握有強制手段。除了物質手段，心理層面的強制也很重要。初民社會統治者需要借助宗教力量。進入現代社會，統治者必須鞏固統治正當性，讓被治者相信自己有服從義務。最低限度，被治者必須相信反抗是徒勞的。假設心理強制無法達成目標，統治者就得動用法律強制。相對於其他社會團體，政府權威全面許多。它適用於全體國民、領土，同時適用在各個經濟和社會事項。

　　現代國家出現以前，政治權力通常歸一個人或一群人所有。這個人或這些人可以是宗教祭司、政治元老或軍事將領。他們必須維持魅力才能保有權力。在這樣的共同體，制度化程度很低。一旦掌權者殞落，國

家就會陷入動盪。現代國家則非如此,權力變得制度化。掌權者來來去去,政府持續運作。

在統治少數和眾多被治者之間有著對於權力的制衡。事實上,統治階層內部也會存在分歧,限縮權力的運作空間。制衡意義在於防止統治者濫權。它有兩種運作方式。第一,制衡機構從監督角度行使權力,如司法審查。第二,當事人獨立於政府之外運用影響力,制止濫權。例如,媒體因此被稱為第四權。制衡有助於保障被治者的自由、權利和利益。

制衡現象只存在於多元民主國家。在威權國家,權力制衡幾乎是不存在的,被治者權利很難得到保障。然而,制衡也得面對若干問題。服從多數是民主政治的基本原則。假設制衡者能夠透過杯葛落實少數人主張,危害群體利益,民主將難以為繼。

民主國家存在三種制衡。第一是制度面的制衡,如國會和最高法院。在這方面,權力分立理論扮演重要角色。國會本身行使權力,同時制衡行政部門權力。在聯邦,以及地方分權國家,分子邦和地方政府的制衡不容忽視。第二是政治力的制衡,以政黨和媒體最居關鍵。第三是社會層面的制衡,包括工會、社團,甚至軍隊在內。即使在威權國家,宗教團體往往能夠發揮制衡功能。

從過去到現在,權力有造神功能。盧梭指出,只有神祇能夠頒行法律。恐懼在神格化過程當中扮演重要角色。直到今天,人民仍然因為恐懼特定國家或族群而認同魅力型領袖,期待後者維持秩序和保障安全。此外,社會進步的夢想地位重要。領袖提出願景,人民傾向相信他能夠

造福百姓。假設結果令人失望，權力就可能易手。今天，法治國原則賦予統治者正當性，法治優於人治。

即使在法治國家，領袖魅力仍舊至關重要。權力持續向個人集中，包括民主國家的國家元首、政府首長，以及共黨國家的第一書記。這個趨勢的背後存在兩個因素。首先是媒體時代來臨，影音媒體尤其能夠滿足被治者的好奇心。此外，危機和戰爭威脅會強化領導人的舵手形象。

進入21世紀，領袖行使權力的方式出現新的發展。第一，政黨扮演的角色更加重要。在多元民主國家，政黨必須經營選民基礎才能取得權力。在威權國家，統治者對於政黨的依賴程度不遑多讓。政黨就像電影公司，需要明星的號召力。他們替政黨爭取支持者，建立層級節制的組織，以及色彩鮮明的政綱政策。政黨憑藉組織和政策主張相互競爭，由選民做成裁決。

第二，國家行使權力的範圍越來越廣。在共黨國家，政黨負責處理人民「從出生到死亡」的每件事情。例如，企業交由國有國營，政府因此建立龐大的行政體系。與此同時，民主國家持續增強對於經濟事務的干預。隨著國際間的互賴程度提高，國家需要投注更多資源，同時強化官僚體系。第三，政府藉由科技進步壟斷溝通管道。它能夠讓被治者即時瞭解政策，並且感受壓力。

政府越來越來倚重技術官僚做成重要決策。相關決策必須在事前進行深度研究，如考量對於財政的衝擊。此外，政府必須做好協調工作。在許多國家，技術官僚的自主和惰性招致反民主的結果。專家政治和民主往往魚與熊掌不可兼得。政府行使權力的時候必須考量社會氛圍。社

會存在各個階級，以及同類團體（categorical group）。城鄉差距是種普遍現象。

以階級而言，三項概念最為重要。第一是階級認同。影響階級認同的因素包括經濟資源，如財富所得。其次，職業類別、出身背景、教育程度和生活品味扮演重要角色。第二是階級定義。隸屬於勞工階級的人數眾多，差異很大。許多人可以同時歸類為兩到三個階級。第三是階級流動。階級成員可能躋身另一個階級，或是階級定位有所調整。今天，服務業成員傾向認同自己是中產階級。

有些時候，階級和團體認同促使成員取得類似的政治態度，表現在投票行為。然而，它的關聯性並不明確。所得相仿的人往往將票投給不同政黨。儘管如此，政黨傾向在特定團體尋求支持。相對地，政黨領袖的出身背景和生活方式越來越接近。例如，英國首相威爾森承認他愛抽雪茄勝於菸斗。在法國，社會黨領袖將子女送到教會學校唸書早已不是新聞。

因此，政黨一方面擁有眾多認同選民，另一方面必須面對抗議性投票（protest vote）越來越能左右選舉勝負的現實。顧名思義，抗議性投票有利於反對黨，會削弱執政黨的現任優勢。

也因此，政府必須時時重新審視下列五項和社會有關的自變項。第一是意識形態。每個國家社會有它獨特的價值體系。這個體系會形塑制度，同時影響政府行使權力的方式。第二是經濟因素。馬克思指出經濟是下層建築，能夠決定政治和制度走向。例如，多數學者認為國民所得和民主之間存在關聯性。第三是歷史傳統。稍後，我們會說明不同國家

的制憲背景。

　　第四是國際環境。在這方面，很少有國家能夠抵抗來自霸權國家的壓力。1945到1990年間的雅爾達體系是典型案例。美國鼓勵盟邦推行民主，蘇聯則將共黨專政強加在衛星國身上。第五是心理層面，也就是所謂迷思。

　　現代國家出現在16世紀，它制定規則，適用於居住在領土之上的全體人民。如果人民違反法律，會遭到法院裁罰。值得注意的是，各級政府行使權力受到公法（public law）約束。公法和私法間的關係緊密，但也具備兩項重要特徵。第一，公法處理的問題關乎國家整體利益。第二，公法是種不平等的法律規則，群體利益重於個人利益。因此，各級政府能夠對個人加以法律強制。

　　如同國際公法等其他法律，憲法是公法的一支。各國制定憲法，規範公權力機構間的關係。當事國根據憲法組成政府，限制政府在法定範圍當中行使權力。晚近，各國政府的權力持續擴張。即使在民主國家，政府權力也不斷膨脹。這個現象的正當性在於伸張多數意志。

　　統治者能否遵守和愛護憲法是個嚴肅課題。假設當事人想要修改遊戲規則，應該採取合憲途徑。每部憲法都有修改程序的規定。假設統治者拒絕遵循修憲程序，就會衝擊到法治國原則。在這方面，兩點值得注意。第一，憲法只做原則性規範，無法預見日後所有的政治變遷，有心人不難找到漏洞。第二，假設當事人執意違反，憲法通常並未制定罰則。民主國家因為有制衡機制，要想違反憲法也沒那麼容易。

　　民主國家主張它的治理源自人民同意，並且照顧到群體利益。相對地，共黨認為這樣的國家充滿階級矛盾，統治階級運用國家機器鎮壓人民而保有權力。因此，受到壓迫的勞工階級應該發動革命，建立無產階級專政。共產國家是個過渡階段，國家將持續凋萎，進入無階級社會。當然，這個迷思從來不曾成為現實。

　　領土、人民和政府被視為組成國家的三項要素。傳統上，學者將國家分成單一國和聯邦國。英國、法國、義大利和西班牙被歸類為單一國，他們都有個高度集權的中央政府。晚近，法國等國家推動地方分權改革，賦予地方政府和民意代表較多自治權限和財政資源，落實草根民主。分權能夠保存地方特色，但是也會增加分離主義出現的可能性。在這方面，法國的科西嘉島是典型案例。

　　聯邦國大抵有兩種組成方式。第一種是單一國的結合。它通常經歷兩個階段，也就是從邦聯過渡到聯邦，美國和瑞士都屬於這種情形。類似案例能夠保障弱勢分子邦權利，強化後者加盟誘因。例如，瑞士的烏立邦（Uri）只有五萬人口，不及蘇黎世的5%。單一國裂解是組成聯邦的第二種模式。在這方面，1969到1992年的捷克斯洛伐克是典型案例。

　　聯邦國的分子邦保有部分主權。一方面，這些保留權力是不完整的。聯邦憲法通常會明確劃分聯邦和分子邦權力。例如，美國憲法規定各州採行共和體制，國防和外交權力歸聯邦所有。另一方面，分子邦擁有自己的憲法和政府。例如，伊利諾州憲法規定不得對於房產採行累進稅率，聯邦政府決策需要接納分子邦參與。要想長治久安，聯邦和分子

邦間必須維持平衡。以外交權為例，1999年瑞士憲法規定分子邦有權在自身管轄範圍以內和其他國家簽署條約。

在聯邦國，聯邦院必然擁有實權，它和下議院的關係有三種可能安排。第一，聯邦院擁有較多權力。例如，美國參議院擁有條約批准權。第二，上下兩院權力完全相等，如瑞士。第三，聯邦院只有在處理聯邦事務方面和眾院享有同等權力，德國是典型案例。幾乎所有聯邦國都設有最高法院，解決聯邦和分子邦的權限爭端。1960年代，美國聯邦政府據此阻止南方州繼續採行黑白分校政策。

聯邦國經常得面對和解決分裂危機。相關危機可以分成兩種類型。第一是分子邦試圖脫離聯邦。1995年以前，魁北克不時向加拿大提出獨立訴求。第二是分子邦轄下的行政區試圖取得分子邦地位。1977年，瑞士的朱拉（Jura）脫離伯恩，成為瑞士第23個分子邦。

在多元民主的聯邦國，聯邦政府權力擴張是二戰過後普遍趨勢。以國際能見度而言，分子邦無法和聯邦抗衡。此外，聯邦法律規範跨國企業運作，重要程度超過分子邦。然而，假設分子邦擁有種族或文化方面的特殊性，聯邦政府的優勢就會打個折扣。相關國家包括瑞士、加拿大和比利時。

今天，國家內部成員爭取自治或獨立的重要性增加。相關案例背後都有某種程度的地域主義，包括西班牙的加泰隆尼亞、英國的蘇格蘭，以及法國的科西嘉島。有些時候，分離運動會引發政治暴力，如巴斯克和西班牙之間的衝突。在這方面，「住民自決」不是得到國際承認的充分條件。

　　國家具備兩項功能。首先是行使主權，其次是貫徹社會選擇。在民主國家，政府是有限政府，並且落實多數統治原則。在行使主權方面，國家制定法律，同時壟斷合法暴力和維持秩序。再者，主權國家擁有獨立的國防外交政策。例如，隨著國際互賴程度提高，國家必須尋求永續發展的能源。

　　何謂憲政主義？艾姆斯（Fisher Ames）指出一項關鍵性問題，「人民必須遵守多數統治原則，然則問題是如何落實多數的價值意涵？」要言之，政治人物依照法定程序實踐信念謂之憲政主義。

　　憲政主義源自啟蒙運動。是時，自由主義主張制定憲法做為遊戲規則。一方面，主政者行使權力必須接受憲法規範。另一方面，公權力運作應該符合正當法律程序（due process of law）。憲政主義目的在於以法治取代人治，建立法治國。18世紀，社會契約理論在西方風行一時，它將公民社會建構在契約之上，而憲法的功能是要確認契約內容，節制行政部門濫權，以及保障被治者權利。

　　憲政主義和政治現實間存在落差，原因在於徒法不足以自行。因此，憲政慣例和立憲者原意變得重要。例如，直到1940年，美國總統都遵守連任以一次為限的慣例。

　　國家制憲前提是先前的法律秩序終結，制憲會議在法律真空狀態下制定新的憲法。相關情境包括革命和獨立建國。戰爭也是種可能性。當事國可以選擇制定新的憲法，如西德在1949年制定基本法。它也可以選擇在戰後回歸遭到中斷的憲政秩序，如1945年奧國決定恢復1920年憲法。

　　在民主國家，人民有權選舉制憲會議成員，也有權批准或否決新的憲法。例如，二戰結束後法國人民否決制憲會議在1945年制定的憲法。失去人民同意，憲政秩序的正當性就會打個折扣，1940年法國維琪政權是典型案例。

　　學者根據修憲的難易程度將憲法分成剛性憲法和柔性憲法。此外，修憲標的是個問題。例如，法國和德國都在憲法明定不動條款。相對地，1994年比利時啟動修憲，將國家體制從單一國改為聯邦國。

　　修憲程序通常採行兩到三個步驟。發起修憲的權力歸行政和立法部門所有。少數國家給予人民發動修憲的可能性。例如，在瑞士10萬人連署即可提案修改聯邦憲法。修憲機構的討論和議決通常是特別多數決。在若干國家，修憲需要經過全民複決或分子邦批准。以政治現實而言，當世各國因為欠缺罰則，違反修憲程序的情事並不罕見。

　　幾乎所有國家都採行成文和剛性憲法，並且具備明確的法律位階。與此同時，相對應的公權力機構存在隸屬關係。例如，制憲會議的重要性高於國會，國會又高於行政部門。為了確保法律不牴觸憲法，各國都有司法審查的規範和實踐。在這裡，反對者提出「法官主政」的疑慮。多數學者認為司法審查的利多於弊。它最大的好處在於維持法治國原則，以及保障自由。

　　進入現代社會，民主意謂自由和多元。人民不僅是被治者，同時擁有平等的統治可能性。在民主國家，有些原則是不容妥協的。例如，民主強調人民主權和多數統治。要辦到這點，人民必須擁有言論和結社自由，同時在普及選權的基礎上公平競爭。

在多元方面，民主國家給予人民真正選擇。這意謂著排除意識形態的正統。1789年，法國大革命同時確立法治國和世俗國（secular state）原則。人民可以自由組黨，標舉不同政治主張。問題是若干政黨主張終結憲政民主，當事國必須思考如何處理。

多數政策屬於公共選擇，取捨關鍵不在於好不好，而是人民是否同意。例如，許多國家廢除死刑都曾引起爭議。1981年，法國在社會黨政府主導下廢除死刑，嗣後雖然爭議不斷，主張恢復死刑的政治勢力終究未能取得國會多數。質言之，死刑存廢不取決「該不該」的問題，而是國會同意與否。「好不好」與「該不該」是個人價值信念，只有透過法定程序才能得出嚴肅的公共選擇。

類似案例不勝枚舉。在美國，針對墮胎問題，有些人支持孕母自主選擇（pro-choice），有些人主張保障胎兒生存權（pro-life），相關爭議基本上需要透過國會立法規範，行政及司法部門自由裁量空間有限。

憲政主義提高良善統治的可能性。從積極面來看，它能夠落實社會公道。從消極面來看，它會減少政治人物侵害人權和自肥（rent seeking）等不公道現象。麥迪遜在「聯邦論」書中指出，「倘若人皆聖賢，我們就不需要政府。倘若政府官員都是才德之士，我們就毋須設下內在和外在制衡機制」。麥迪遜筆下的「機制」就是憲政制度。

憲政制度重點在於規範公權力機構間的關係。在民主國家，行政、立法和司法部門的權力分立最關緊要。如同孟德斯鳩指出，「要阻止統治者濫用權力，唯一的方法是用權力制衡權力」。人權宣言也說，沒有權力分立，憲法將流於空談。

　　時至今日，制衡原則有了新的發展。在英國，權力連鎖現象越來越明顯。重點不再是政府和議會間的制衡，而是反對黨發揮怎樣的制衡功能。因為有反對黨的存在，包括言論自由在內的個人自由，以及司法獨立得到保障。

　　在總統制以外的國家，行政權越來越強大。國會通過的法案多數是由政府發起。啟蒙時代以來，思想家想方設法貶低行政部門，讓它從屬於國民意志。事實上，行政部門已然成為政治系統的引擎，議會能夠做的是同意和監督。行政部門的權力擴張來自民意支持。在實行內閣制的英國，首相可說是全民公決產物。

　　在立法事務方面，越來越多國家賦予行政部門更大權限。例如，法國等國家限縮國會立法範圍，讓政府能夠用行政命令規範政治生活。授權立法的情形普遍。隨著國防、外交和經濟事務日趨複雜，國會重要性下滑。

　　不同於國會，政府擁有專業文官制定和執行政策。2020年7月，川普政府增派聯邦警察到波特蘭鎮壓示威者。在美國，政治任命的文官為數眾多。如果失去長官信任，他們得隨時打包走人。在法國等歐陸國家，常任文官的俸給和退撫是重要議題。只要沒有重大違失，當事人可望在文官位置上退休。專業文官因為不曾接受選舉洗禮，必須遵守政治中立，接受政務官指揮。

　　今天，專業文官對於政務官的影響力穩定上升。他們代表一群學有專精的菁英階層，傾向維持現狀和反對改革。

儘管行政權日漸擴張，立法部門仍然不容忽視。首先，國會是代議民主的重要象徵。其次，它是落實責任政治的關鍵。在內閣制國家，議會控制內閣的生殺大權。執政黨替內閣的決定背書，在野黨則要善盡反對天職。

憲政制度是敵對政治勢力間衝突和妥協產物，其間容或受到歷史、經濟與意識形態影響，但是政治勢力仍居決定性地位。重點在於規範行政和立法部門互動關係。學者據此將制度區分為內閣制、總統制和雙首長制。

內閣制精神在於行政與立法權力合一（union of powers），假設兩者合作關係受到破壞，必須在最短時間恢復。相對地，行政和立法制衡是總統制基本原則，雙方在各自任期中獨立行使職權，任何一方決定沒有最終拘束力。在內閣制和總統制之間，雙首長制提供第三種選擇。[1]

內閣制源自18世紀英國，當時君主雖然仍舊大權在握，卻得接受代議機構越來越重要的現實。最終議會終結了君主專制，實現自由民主。由於選權還不普及，控制議會的是貴族，而非一般人民。部分基於這項原因，內閣制自始有利於少數菁英。

內閣制將國家元首和行政首長區分開來。國家元首沒有實權，無須承擔責任。透過副署程序，行政首長負起政治責任，成為課責對象。以往副署意謂內閣願意接受君主決定。今天，副署意義在於由國家元首認

---

[1]　帕克泰稱雙首長制為混合制，理由在他介乎兩種制度之間。Pierre Pactet, *Institutions politiques et droit constitutionnel*, (Paris: Masson), 1992, pp. 143-145. 杜瓦傑（Maurice Duverger）則將之稱為半總統制。

證內閣決策的真實性。內閣有權解散國會，化解它和國會多數間可能出現的歧見，避免政治僵局。

政治責任問題可以由內閣或國會發起。政府可以要求國會就信任案進行表決，如果國會拒絕支持就會出現倒閣危機。相對地，國會可以對政府提出譴責或不信任案。許多時候，在野黨藉此提醒選民問題的重要性。在內閣制國家，多數法案是由政府發起，部會首長兼具國會議員身分，確保內閣和國會合作關係。

內閣制的優點包括：第一，虛位元首能夠確保國家的延續性和穩定運作；第二，它耗用的政治資源少於總統制國家。但是，它也存在不容忽視的缺點，相關缺點往往因為多黨生態而被放大。法國第三及第四共和議會專橫經驗是典型案例。從1879年麥克馬洪總統（Patrice de MacMahon）辭職，到1958年第四共和壽終正寢，80年間法國不曾出現解散國會情事。

在這段期間，內閣制議員任期彈性，不受民意支持官員必須隨時去職的優點蕩然無存。內閣壽命短暫，不利政策長遠規劃，歷次改組都是政黨領袖的重新組合，和民意脫節。

因此，二戰結束後德法等國相繼採行合理化內閣制（*parlementarisme rationalisé*）制度設計，將行政強勢原則建立在國會多數明確支持之上。相關運作有兩種主要模式。首先，它讓政府儘可能獲得國會最大多數支持。例如，德國提高總理的同意門檻；其次，它提高國會倒閣難度。德國有建設性不信任規範，法國則是在不信任案表決以前給予政府較多時間說服議員。

晚近因為行政強勢阻礙國會有意義地參與立法過程，西方國家相繼著手提升國會地位。例如，2017年法國社會黨總統參選人沃爾斯（Manuel Valls）表示，假設他贏得總統改選，將廢除憲法第49條第3款限期立法規定。

在內閣制國家，政黨扮演的角色日益重要。多數時候執政黨能夠確保政府和國會的合作關係。在英國和德國，權力在兩到三個主要政黨（major party）間進行輪替。以往義大利和日本都有個長期執政的優勢政黨（majority party），輪替情形很少發生。進入21世紀，反體制政黨在西方國家實力提升，替憲政運作帶來新的挑戰。

雙首長制和內閣制共同點在於有個共同向民選議會負責的政府。與此同時，它和總統制國家一樣擁有直接民選的實權總統。除了法國第五共和以外，採行雙首長制的國家包括奧國、芬蘭、愛爾蘭和冰島。這些國家關於總統職權的憲法條文相差無幾，但是實際上落差很大。例如，奧國、愛爾蘭和冰島總統行使職權相對克制，無異於內閣制國家的虛位元首。

　　觀乎世界各國，因應危機是重建憲政秩序主要考量。英國憲政制度起源於17世紀的清教徒革命和光榮革命；德國現行基本法是為了因應二次大戰戰敗現實。義大利和日本的現行憲法也和二次大戰息息相關。日本憲法甚至被稱做麥克阿瑟憲法。在法國，阿爾及利亞危機敲響第四共和喪鐘；美國之所以拿現行憲法取代邦聯條款，1786年發生在麻州西部的謝氏叛亂（Shays' Rebellion）至關重要。

　　憲法是妥協產物，有些時候符合，有些時候違反制憲者原意。晚近英國、法國和德國等國家不約而同提高國會地位，防止行政部門濫權就是個例子。

第一節　內閣制

　　英國在民主國家當中有它特殊地位。它的憲法是不成文憲法，也是柔性憲法，國會可以依據國會主權及多數決定原則，制定、修改或廢除具備憲法性質的法案；其次，大憲章（*Magna Carta*）等重要文獻被視為立憲民主典範；再者，英國內閣制得到許多國家仿傚。

　　1215年，約翰王簽署大憲章，承諾給予人民若干自由，同時不會

專斷行使王權，除非觸犯法律，當事人不會受到處罰。1689年，英國發生光榮革命，推倒斯圖亞特王朝專制統治，自此，英國走上議會民主道路。國會，特別是平民院重申君主徵稅必須得到它的同意。國會有權參與立法，並且根據權利清單（Bill of Rights）等憲政慣例保障人民基本權利。

18世紀，英國內閣制逐漸成熟。1714年，來自漢諾威的王室成員繼承王位，嗣後多位君主既不通曉英語，也對處理國政不感興趣，內閣逐漸取得自主地位，在首相領導下向國會負責。最早樹立「內閣向國會負責」慣例的首相包括1720年代華爾波爾（Robert Walpole），以及1780年代小皮特（William Pitt the Younger）。

1689年以前，內閣閣員個別向國會負責，失職部長必須在事後負起刑事責任，平民院職司彈劾（impeachment），貴族院進行審判；1689年以後，內閣得在事前負起政治責任，只要平民院威脅啟動譴責程序，當事人便會知所進退。

1832年以後，英國多次通過擴大選權法案，1918年，所有成年公民全都取得投票權。選權普及使得內閣必須向選民負責，沒有民選基礎的政治人物不得再行使政治權力。1911年，特別是1949年以後，貴族院原則上無從干預日常政務。

2007年，布朗政府提出名為「論英國治理」的綠皮書，強化國會地位。例如，內閣必須得到國會同意，才可以呈請英王解散國會。2011年，英國通過國會任期固定法。

英國採行內閣制，和實行總統制的美國形成對比。在美國，總統候選人無法左右同黨國會議員候選人的競選策略，也不能控制地方黨部政綱政見；相對地，英國政黨黨魁通常能夠掌控全局，向選民發表全黨一致的競選宣言。

相較於其他西方國家，德國憲政道路更加坎坷。首先，它在民主化同時始終面對國族主義問題。1815年維也納會議結束後，38個分子邦共同組成日耳曼邦聯。1848年法蘭克福議會則是德國推動民主憲政的初次嘗試，重點在於政治自由、民主改革，以及統一問題。在日耳曼西部和南部各邦，民主志士籌組民選議會，取代代表各邦君主的議會。

1851年，法蘭克福議會以失敗收場，各邦恢復君主專制。20年後德國統一，新成立的帝國仍舊採行君主專制，和奧匈帝國，以及俄國並稱北方朝廷，與英法兩國的自由同盟形成對比。

1918年德國在一次大戰中戰敗，許多菁英參與威瑪共和（Weimar Republic）制憲工作，威瑪憲法號稱當時最完備的憲法，不過，威瑪共和自始得面對先天不良和後天失調問題，由於戰勝國加諸嚴苛賠款條件，德國陷入惡性通膨漩渦，1929年經濟恐慌成為壓垮經濟的最後一根稻草。

面對嚴峻經濟情勢，威瑪政府束手無策提供納粹黨人崛起機會。當時德國社會存在兩個迷思：第一，民主黨人背叛讓德國輸掉一次大戰；第二，議會民主讓威瑪政府成為外國勢力控制德國的工具。1933年，1920年代的黃金十年畫下句點。總統興登堡（Paul von Hindenburg）任命希特勒出任總理，敲響威瑪共和喪鐘，國會隨即賦予希特勒獨裁權

力，終結議會民主運作。

1939年，希特勒發動戰爭，卻讓德國在1945年5月淪為廢墟，並且遭到美英法蘇四國占領。德國東部邊境向西退縮數百公里，1,500萬人民流離失所。先前法國和德國因為亞爾薩斯與洛林領土問題結為世仇，主張瓜分德國。美國則是察覺蘇聯領土野心，準備扶持德國再武裝，填補美軍空缺，眼見德國再武裝無可避免，法國決定推動歐洲整合，給予德國成為正常國家的機會。

在美英法占領的德國西部，占領當局一方面清除納粹殘餘勢力，另一方面允許政黨政治恢復運作。1949年，西德制定基本法（Basic Law）做為統一以前的根本大法；蘇聯扶植東德建立德意志民主共和國（GDR），德國分裂。

基本法試圖防止德國重蹈不愉快的歷史覆轍，它要防止政府走向帝國時代的威權道路，又要避免出現威瑪時期那樣的弱勢政府。它禁止成立反民主的政黨，避免納粹死灰復燃。基本法強化總理和國會權力，不讓總統有變成憲政強人的機會，此外，它成立憲法法院，保障基本人權。

1990年，德國依據西德基本法第23條允許德東各邦加入。在取得東德，以及4個占領國同意之後，德國完成統一。1990年，東德舉行國會改選，基民黨取得多數席次，東德國會以294票贊成，62票反對，以及7票棄權，同意東德轄下5個邦加入德意志聯邦。連同西德原有的10個邦和柏林，德國現有16個邦。在這16個邦當中，柏林、布萊梅與漢堡既是城市，又是分子邦。

1992年，德國簽署馬斯垂克條約，並且進行修憲。修改後的憲法規定，主權讓渡需要得到聯邦院和眾院三分之二多數同意。隨著兩德統一和歐盟整合，德國憲政運作遇到新的挑戰。受限於制度，要想加快改革腳步並非易事。[1]

第二節　雙首長制

法國同時設有總統和總理並非始自第五共和，早在第三共和時期，雙首長基調便已得到確立。1870年，拿破崙三世在色當戰役戰敗投降，因為朝野對於是戰是和意見分歧，新成立的共和政府先是與德國簽署停戰協議，接著舉行國會選舉，探詢人民對於國家未來走向看法。

1871年國會選舉當中，主和的保皇黨大獲全勝。然而，因為波旁王室、奧爾良王室及拿破崙王室各自有其擁護者，相持不下，國會選舉第耶爾（Adolphe Thiers）出任共和國總統。1875年，第三共和制定憲法規範，總統任期7年，由參眾兩院議員共同選舉產生。

1877年憲政危機期間，總統麥克馬洪（Patrice de MacMahon）爭議性黜退握有國會多數的總理西蒙（Jules Simon），解散國會。假設勝選，麥克馬洪可望恢復君主立憲體制，然而事與願違，共和黨人再次取得國會多數席次，總統被迫任命左派領袖組閣，退居虛位元首地位。1879年，左派在參院改選當中獲勝，麥克馬洪宣布辭去總統。

---

[1] 見 Simon Green, Dan Hough and Alister Miskimmon, *The Politics of the New Germany*, 2nd edition, (NY: Routledge), 2012, pp. 72-93.

　　1958年以來，法國第五共和存在超過半個世紀。雖然它尚未超越第三共和紀錄，仍舊被視為成功試驗。首先，它的運作穩定，有效解決第三及第四共和國會專橫問題。第四共和期間，總理平均任期只有6個月，到了第五共和增加為3年，龐畢度總理任期甚至達到6年，費雍則是第一位和總統共進退的總理。

　　經過1981年政黨輪替，以及1997年第三次左右共治，左派社會黨認可第五共和制度正當性。2007年總統選舉前夕，原本勝選希望濃厚的社會黨候選人賀雅如此回應制定第六共和憲法的相關討論：「社會黨不僅參與第五共和制憲，同時捍衛憲法不遺餘力」。之後該黨贏得2012年總統選舉，更加不會考慮制定新憲。

　　做為第四共和最後一任總理，戴高樂從不掩飾對於傳統內閣制的厭惡。他認為假設1940年當時的總統雷布朗（Albert Lebrun）擁有較大權力，便可以挺身而出，率領人民擊退德國侵略。1958年阿爾及利亞危機再次證實他的看法，是時，法國派駐阿爾及耳部隊倣效1793年先例成立公安委員會，隨即占領科西嘉島，準備入侵法國本土，他們要求政府將權力交給戴高樂，得到戴氏支持者響應。

　　對此，第四共和政府束手無策。總統柯堤（René Coty）與戴高樂達成諒解，國會被迫任命戴高樂出任總理，並且同意制定新憲。1958年，國會通過法案規範制定新憲的程序問題。它排除第四共和憲法第90條適用，將啟動制憲權力交給新就任的戴高樂政府。憲法第90條規定，提請修憲權力歸國會所有。

　　無論如何，法案要求制憲者遵守五項原則：（1）以直選做為權力

正當性來源；（2）行政和立法分權；（3）政府向國會負責；（4）尊重司法獨立；（5）明確定義法國本土和殖民地，以及海外領土關係。

戴高樂無意親自處理日常政務，也不想捲入政黨競爭。在總統和總理之間，他選擇出任總統，因而決定兩者重要性消長。儘管負責草擬憲法的戴布瑞（Michel Debré）一再保證第五共和制度屬性是內閣制，但總統地位始終舉足輕重。此外，受到二戰經驗影響，戴布瑞長期以來反對總統直選，因此總統選舉方式要到1962年才做出改變。

相較於第四共和，第五共和強化行政部門權力，並且賦予總統新的角色。自此，總統有責任確保國家主權獨立，以及憲政穩定運作。他被賦予多項重要權力。首先，總統可以透過舉行公投直接和人民對話；其次，總統有權解散國會，探求新民意；再者，總統得根據憲法第16條行使緊急命令權。

鑑於行政強勢原則有矯枉過正之虞，1992年密特朗任命維岱爾委員會（Commission Vedel），思考保障國會和公民權利的修憲方向。在報告當中，委員會提出四個重點：（1）國會享有閣揆任命的同意權；（2）增加國會常設委員會數目；（3）廢除憲法第16條；（4）給予公民提請憲法委員會釋憲，以及發動公民複決權利。稍後，這些建議部分得到落實。

第三節　總統制

美國制度精神深受英國影響，從功利角度來看，潘恩（Thomas

Paine）將美國揭竿而起視為正當防衛，因為有人民，政府才有存在價值；其次是有限政府（limited government）概念，從印花稅到茶葉稅，殖民地人民持續重申「沒有代表，就無須繳稅」（no taxation without representation）原則。1775年，英王喬治三世一再拒絕殖民地人民請願，並且派遣軍隊鎮壓，獨立戰爭揭開序幕。

1781年，獨立戰爭接近尾聲，13州批准邦聯條款（Articles of Confederation）。如同6年後通過的聯邦憲法，邦聯條款允許分子邦保有自治（self-government）傳統。不同的是，各州保有權限更加廣泛，包括「主權、自由和獨立」。

邦聯政府權力包括宣戰、締結外交協定，以及處理西部領土問題。它缺乏行政部門，邦聯議會（Congress）成為政府運作樞紐。議員由各州政府指派，並支給薪俸。在議會當中，每州都有一票，通過法案需要得到9個州同意；在修憲議題方面，邦聯條款採行一致決原則，任何一州獨持異議就沒有修憲可能。

隨著時間過去，邦聯政府弱點日益突顯。它沒有總統、沒有行政和司法部門，也沒有穩定稅收來源，各州自行其是。例如，新罕布什爾州建立屬於自己的海軍。各州印行貨幣，決定對外貿易政策，州與州之間經常陷入兩敗俱傷的貿易戰爭。當亞當斯試圖和英國談判貿易條約的時候遭到拒絕，華盛頓將沒有海軍，也沒有陸軍的邦聯稱做「一盤散沙」。

1786年，麻州因為財政困窘招致謝氏叛亂（Shays' Rebellion），州長向邦聯政府求援，卻無法得到一兵一卒，最後得靠自力救濟渡過難

關。邦聯政府積弱使得類似暴動接連發生，各州這才同意指派代表參加1787年費城會議，討論修改邦聯條款，透過閉門會議，與會代表做出制定新憲決議。

費城會議需要克服兩項困難。首先是大州和小州衝突，最終雙方達成康州妥協，透過憲法第5條保障小州在聯邦參議院的平等代表權；其次是南方州和北方州衝突，最終雙方同意每名黑人視同五分之三個白人，據以計算各州人口數目。

1787年費城制憲之後，漢彌頓回到紐約，試圖說服人民批准新的憲法。他和傑伊（John Jay）及麥迪遜共同寫下《聯邦論》，強調分權（separation of powers）和制衡原則（check and balance）必須得到落實。

在議會大權獨攬的國家，沒有政府機構能夠阻止多數暴力情形發生，而在美國，參院制衡眾院，總統制衡參院，法院又可以制衡總統決定。

制憲者著手約制政府不得行使若干權力。例如，國會不得通過授予貴族爵位的法律，又例如，政府不得無故囚禁人民。在這方面，法國君主實踐經常被提出討論。聯邦議會，以及各州不得通過溯及既往的刑法法條。

除了強調制衡的總統制，美國採行尊重分子邦自治傳統的聯邦制。雖然聯邦憲法位階高於州的法律，但是不妨礙各州行使保留權力（reserved powers）。聯邦政府權限擴大是項趨勢，這項發展符合制憲者原意。憲法第1條第8款授權國會制定「執行同條條文列舉權力的必要法律」，被

稱為必要條款（necessary and proper clause），成為聯邦主張「隱含權力」（implied powers）根據。

1819年，最高法院在「馬庫洛對馬里蘭州」（McCulloch v. Maryland）判例當中確認隱含權力原則。早在華盛頓擔任總統期間，聯邦派和州權派就為了聯邦是否有權設立銀行爭執不休。1816年，國會不顧各州反對再次設立聯邦銀行。包括馬里蘭在內的幾個州決定對聯邦銀行課稅，迫使它關門大吉。分行經理馬庫洛（Edwin McCulloch）拒絕繳稅，雙方一路訴訟到最高法院。

在這起訟案當中，支持聯邦派的最高法院院長馬歇爾（John Marshall）判決馬庫洛勝訴。他指出聯邦政府有權徵稅、舉債和規範州與州之間的貿易行為，因此有權設立銀行。此外，聯邦憲法當中的上位條款（supremacy clause）也顯示聯邦法律位階高於州的法律。

兩百年來，美國越來越民主，並且逐步擴大人民政治參與。1800年，哲斐遜當選總統，強調國家屬於全體人民，而非少數菁英。1828年當選總統的傑克遜（Andrew Jackson）說服各州透過人民直選產生總統選舉人。

20世紀初期，進步黨人（Progressives）理念得到認同，他們主張代議士必須忠實反映選區人民意見，率先呼應進步黨人主張的是地方政府運作，西部和中西部的若干州賦予人民推動罷免、創制及複決等直接民權。在聯邦政府方面，進步黨人成就包括參議員直選，以及公職人員初選制度。1913年，美國通過第17條憲法修正案，將參議員改為直接民選，打破富人壟斷局面。

在不同制度下，總統扮演角色有很大差異。以內閣制國家而言，總統和虛位君主同樣以國家元首身分行使儀典權力（ceremonial power）。除了維持良好形象之外，虛位元首（titular head）必須遵守政治中立。

總統制國家總統被賦予否決等實質權力和國會抗衡。然而，當事人必須從個別議員著手爭取支持，困難程度比之內閣制國家總理有過之而無不及。在這方面，美國威爾遜總統是典型例證。一戰期間，威爾遜權力之大少有其匹，然而戰後他便寸步難行。除了客觀局勢改變，國會配合程度降低厥為主要原因。

同時扮演好國家元首及行政首長角色並非易事。在美國，「我尊重總統這項職務，但非總統本人」（I respect the office, not the man.）是許多人民對於總統的共同評價。因此，即使羅斯福在推動新政方面有很大貢獻，仍然有共和黨傾向父親拒絕接受他贈勳給為國捐軀子弟。

民選總統言行動見觀瞻，權力日漸擴張是不爭事實。然而，凡事有利有弊，一旦總統作為令人感到失望，也將承受巨大壓力，甚至受到懲罰。

「全民總統」在雙首長制架構下並非沒有實現可能，只要總統以虛

位元首自居，即可遠離政治風暴，成為國家統一象徵。在這方面，1986年，特別是1993年後的密特朗是典型案例。假設總統不願意退居第二線，如何透過憲法賦予職權主導政局即為主要課題。需要注意的是：第一，雙首長制總統無從行使總統制賦予權力；第二，總理是最高行政首長，正確行使閣揆任命權是政府順利運作關鍵。

第一節　虛位元首

虛位元首是內閣制基本原則，儘管貴為國家元首，君主或總統僅能行使儀典權力。相對地，握有國會多數支持的閣揆以行政首長身分負責決策。虛位元首的儀典權力包括任命官員、從事外交訪問，以及做為名義上的最高統帥。

虛位元首可以透過君主世襲產生，對於英國君主而言，保持統而不治（reign, but not rule）的超然立場至為重要。唯有如此，王室才能在「王無誤」（King can do no wrong）基礎上做為國家統一象徵。英王發布法律命令，必須得到首相和相關部會首長副署。此外，英王必須任命握有國會多數席次的政黨黨魁出任首相。首相呈請英王解散國會，後者不得拒絕。[1]

雖然英王必須保持政治中立，但不表示他完全無法參與決策過程。內閣會議紀錄和外交部電報等官方文件均會按日呈送白金漢宮御覽。與

---

[1] 見鄒文海，《各國政府與政治》，（台北：正中），民國89年，頁65至66。

此同時，英王有權要求首相和閣員提供政治訊息，或是接見學者專家和外國賓客。留心政事的英王因為閱歷豐富，可以在關鍵時刻給予內閣建議。白芝浩（Walter Bagehot）認為英王保有「獲得諮詢，給予政府鼓勵或警告的權力」。

1990年以後，就沒有任何閣員曾經在1952年伊麗莎白女王登基前當選國會議員。只要英王建議沒有黨派成見，首相會樂於接受。

做為國家統一象徵，王室成員必須保持良好形象。1917年，喬治五世考量國內輿情，撤消給予俄國沙皇尼古拉二世政治庇護。同年，他將王室姓氏改為溫莎。1936年愛德華八世因為執意和有過離婚紀錄的美國平民辛普森（Wallis Simpson）結婚而選擇遜位，成為溫莎公爵。他應和納粹的言行也受到批評。

1992年是王室「災難性的一年」。查爾斯和安德魯兩位王子婚姻出現變化，溫莎城堡遭受祝融之災。查爾斯離婚之後，應否由他的長子威廉取代成為王儲一直是熱門話題。為了重振王室形象，伊莉莎白於是年放棄免稅特權。1993年，女王開始繳付所得稅。2011年，王室修改王位繼承法，確立男女平權原則。

德國總統

虛位元首也可經由選舉產生。德國和義大利都是如此。德國總統任期5年，連任以一次為限。義大利總統任期7年，雖然憲法沒有明文規定，但是直到2013年拿坡里坦諾（Giorgio Napolitano）才因為尋求化解立法僵局而續任，同時在兩年後辭職。不同於英國君主，德國總

統握有若干可能產生重要影響的權力，包括：眾議院（Bundestag，簡稱眾院）改選過後，總統必須任命得到多數席次的政黨領袖出任總理（Chancellor）。被提名人只要得到過半數眾議員同意，整個過程就此定案。眾院也可以過半同意將特定人選送請總統任命。

如果眾院無法以過半數通過總理人選，兩週後得將得票最多者提請總統任命，總統應該在七天內做成決定，他可以考慮的兩個選項包括任命國會所提人選，以及宣布解散眾院進行改選。截至目前，這兩種情況都不曾發生。2017年國會改選過後，梅克爾領導的基民黨贏得勝選，但也面臨空前的組閣難題。無論如何，梅克爾選擇多花些時間進行協商，沒有組成少數政府打算。

假設總理依據基本法第68條保住職位，國會卻持續杯葛內閣提出法案，總統「得」批准總理所請宣布進入緊急立法狀態（legislative emergency）。自此，內閣法案只須得到聯邦院（Bundesrat）同意，無論眾院通過與否都將在四星期後成為法律。總理提請進入緊急立法狀態，任內以一次為限。同樣地，德國至今不曾進入緊急立法狀態，因此無從推測總統行使裁量權程度。

相對於任命總理和核可緊急立法，總統行使另外一項權力引發較多關注。基本法第68條規定，總理只有在信任投票未獲通過情況下方可呈請總統解散國會。1982年，總理柯爾請求眾院對內閣進行信任投票未獲通過，並且據此提請總統解散國會。

針對柯爾請求，同屬基民黨的總統卡斯坦斯（Karl Carstens）認為基本法第68條規定總統得准許總理所請，並沒有必須這麼做的義務。

柯爾尋求解散，不是要解決行政和立法部門僵局，而是要在他指定的時間點進行改選。因此，卡斯坦斯先是取得各政黨領袖背書，接著批准柯爾解散國會請求。此舉顯示，總統在批准總理解散國會請求上握有裁量權。

格林（Simon Green）指出，晚近德國總統訴諸道德權威干預政局的事例有增加趨勢。[2]例如，1992年魏塞克（Richard von Weizsäcker）批評各政黨只會爭權奪利，這項評論招致正反兩極反應。1997年，赫佐格（Roman Herzog）呼籲加速改革同樣引發爭議。他認為德國創新不足，落後給美國和亞洲國家。

2004年柯勒（Horst Köhler）當選總統，之後經常就外交議題發表看法。在就職演說當中，柯勒主張和非洲國家建構「平等夥伴關係」。2006年，柯勒建議總統改成直接民選，賦予更大權力。過分高調對於虛位元首而言有其風險。2010年，柯勒因為對於海外用兵遣詞不當招致批評，成為二戰後首位辭職的總統。他指出德軍開赴阿富汗作戰，保障貿易安全也是考量因素。批評者認為這種砲艦外交言論既非德國立場，也不合時宜。

德國總統有遭到彈劾可能，原因在於威瑪共和時期興登堡濫權給德國帶來災難。彈劾案可以由國會兩院任何一方提出，只要得到各該院四分之一議員連署，彈劾便可成案。然而，倘若要將總統送交聯邦憲法法院（簡稱憲法法院）審判，便須得到三分之二議員表決通過，如果憲法

2　見 Simon Green, Dan Hough and Alister Miskimmon, *The Politics of the New Germany*, 2nd edition, (NY: Routeledge), 2012, p. 82.

法院判決總統有罪，總統即行解職。

2012年，渥爾夫（Christian Wulff）因為先前擔任下薩克森邦總理時涉嫌貪瀆，被迫請辭，否則國會料將啟動彈劾程序。

如同法國，德國沒有副總統。假設總統缺位，即由聯邦院議長代行職務；總統出國訪問或因病不能視事，職務亦由聯邦院議長代理。總統辭職，新總統應於一個月內選出。2010年柯勒請辭，是由邦森（Jens Böhrnsen）代理；2012年渥爾夫辭職，則是由謝和弗（Horst Seehofer）代理。

第二節　雙首長制下的總統

法國總統任期五年，西元2000年，席哈克建請法國人民通過縮短總統任期的修憲案，與此同時，社會黨提議連任以一次為限，但是未獲席哈克採納。2008年，法國修改憲法，總統連任以一次為限。

總統選舉應於任期屆滿前20至35天舉行。除了任滿之外，總統還有其他缺位可能：第一是總統主動辭職。例如，1969年戴高樂因為訴諸公投失利辭職下台；第二是總統去世。1974年，龐畢度於任滿前兩年病逝；第三種情形至今尚未有過先例，即總統因故無法視事；第四，2002年席哈克為兌現競選承諾，將憲法修正案交付國會表決通過。2014年以後，總統有遭到彈劾去職可能。

2014年以前，總統只有因為觸犯內亂外患罪才有可能被交付共和

法庭審理。之後，總統仍舊享有刑事豁免權，並且可以拒絕提供證詞。不過，一旦他有廢弛職務之嫌，國會兩院得以三分之二多數通過彈劾案，交付共和法庭審判。

就前兩種情形而言，舉行改選勢所必然，第三種涉及問題比較複雜。首先是缺位認定問題，程序上應該由總理提請憲法委員會確認，憲法委員會須由過半數委員認定有無缺位情事，以及缺位屬於永久或暫時性質，倘使缺位屬於永久性質，總統選舉應於宣告後35天內舉行。

假設憲法委員會認定缺位屬於暫時性質，參院議長依法代理總統；如果參院議長也因故無法視事，則由內閣會議集體負責。總統生病或將是導致暫時性缺位主要原因，雖然憲法並未規定暫時性缺位期限，但應當在35天上下，過了這段時間，憲法委員會可能被迫宣告總統永久性缺位。

雖然代理總統擁有總統法定權限，但是就法理而言他不應做成任何重大政策決定；其次他受到下述三項限制：即不得舉行公投、不得解散國會及不得推動修改憲法。相對地，國會不得在代理總統任內倒閣。

儘管第五共和關於代理總統的規範相當周延，但是實際運作起來仍有困難。首先，即使總統因病無法視事，內閣未必提請憲法委員會確認。1964年，戴高樂接受手術，內閣並未知會參院議長蒙奈維爾（Gaston Monnerville）。1973年底，龐畢度病情加劇，內閣同樣保持緘默。

其次，假設代理總統政治立場和總理相左，後者可能不加理會而自行其是。1969年，戴高樂辭去總統職務，代理總統波埃（Alain

Poher）不僅在先前公投中反對戴高樂和總理庫佛（Maurice Couve de Murville），同時表明將與戴高樂派領袖龐畢度角逐總統寶座。在這種情況下，庫佛政府先是拒絕提供波埃檔案資料，繼而暫停舉行內閣會議，波埃無從取得參與政事管道。

相較於第三及第四共和，第五共和總統權限得到明顯擴張。之前，總統任何作為必須得到總理和相關部會首長副署。抑有甚者，總統官式演說內容也得事先徵求內閣同意。相反地，1958年以後總理和內閣經常要為他們毫不知情的政策向國會負責。

第五共和總統握有下述五項權限：第一，根據憲法第8條第1款任命總理；第二，根據憲法第11條提交公投；第三，根據憲法第12條解散國會；第四，根據憲法第16條行使緊急命令權；第五，根據憲法第56條提名三位憲法委員並指定主席人選。此外，根據憲法第19條規定，總統行使若干權力必須得到總理和相關部會首長副署。

依據戴高樂理念，總統是政治權力中心，他不僅要保障國家主權獨立和領土完整，同時扮演憲法守護者角色。準此，總統得調解公權力機關間衝突，使其順利運作。

正常情況下，總理權力來自總統，向總統負責。相對地，總統支持內閣推動政務。總統與總理間存在垂直分工關係。總統決定政策目標，總理擬具可行方案。例如，戴高樂決定發展獨立自主的核子嚇阻能力，又例如，1996年席哈克宣布以募兵制取代徵兵制。

相反事例則有1969年總理夏本（Jacques Chaban-Delmas）向國會

提出範圍廣泛的新社會政綱。由於他最後一刻才向龐畢度報告，後者認為他侵犯到總統職權。總統所以能夠駕馭總理，原因在於他才是國會多數的實際掌控者，倘非如此，即使不處於左右共治狀態，總統任命總理空間必然受到限制。

在這方面，賽文（Pierre Servent）以弒父情結為喻說明總統和總理間的緊張關係。[3]施政受到肯定的總理經常帶給總統威脅。龐畢度主政下的夏本，以及密特朗主政下的賀卡都是例證。相反地，聲望低落的總理往往會將總統拖下水，如席哈克主政下的朱貝。

總統和總理互動關係的發展是戴布瑞始料未及的。做為第五共和憲法草擬者和首任總理，他被形容是「比戴高樂更傾向戴高樂派」。揆諸戴布瑞原意，一旦任命程序結束，總理便只向國會負責，只要沒有倒閣情事，總理可望和總統同進退，總統要想黜退總理，必須從國會下手，相對地，總理可以挾國會多數支持，讓總統不敢輕舉妄動。

戴布瑞的立憲意旨並未成為事實。首先，他和戴高樂合作關係禁不起阿爾及利亞危機考驗。1962年，戴布瑞黯然下台，樹立總統有權免去總理職務慣例。1972年夏本尋求國會信任投票，反而成為遭到龐畢度撤換的導火線。

總統無須向國會負責，國會對於總統有任何意見只能夠以總理做為攻擊目標。總理可說是總統的政治防彈衣。假設國會和總統間出現僵局，總理必須代總統受過。1962年，國會對龐畢度政府提出譴責，根源

---

[3] 見Pierre Servent, *Oedipe à Matignon: le complexe du Premier Ministre*, (Paris: Balland), 1988.

在於反對戴高樂援引憲法第11條變更總統選制。嗣後，季斯卡以激烈手段因應通貨膨脹危機，也是由總理巴爾（Raymond Barre）承擔輿論壓力。

政治防彈衣功能有其限度，以1962年憲政危機為例，倘若戴高樂未能在嗣後國會改選中得到多數席位，總統處境將趨於艱困，甚至可能被迫辭職。總理充當政治防彈衣，著眼於和總統建立扈從關係，取得政治報償。1962年，戴高樂在贏得國會改選後繼續任命龐畢度擔任總理。七年後，龐畢度以戴高樂派領袖身分贏得總統選舉。

總理向國會負責，理論上總統無權免去總理職務。然則由於執政黨（聯盟）議員多是總統追隨者，因此總理難以抗拒總統辭職要求。假設總理拒絕將引發憲政危機。第五共和至今尚未出現此種情況，1976年席哈克和1984年莫華都曾試圖抗拒總統辭職要求，但並未成為事實。

總理向國會負責的制度精神在左右共治時期更加明顯。失去國會多數支持，總統無權免除總理職務。1997年以後，席哈克和喬斯潘間扞格不斷，然而，除非敢冒解散國會改選風險，席哈克無權免除喬斯潘總理職務。

左右共治（cohabitation）指的是總統與國會多數分屬不同政黨，因而必須任命後者可以接受人選出任總理。之後，總統地位便如席哈克所說是「反對黨領袖」。當然，總統可以拒絕接受此種境遇。1986年法國國會改選期間，密特朗曾經表示如果右派獲勝，他將不惜辭去總統職位，然而最終他並沒有這麼做。

一旦進入左右共治，總統和總理間便由垂直改變成水平分工。以2000年官方慶祝儀典而言，席哈克及喬斯潘分別發表不同千禧願望。2001年法國國慶，席哈克公開批評左派政府各項施政。相對地，聯合政府閣員逐條加以反駁。世界報宣稱法國進入毀滅性共治狀態（*cohabitation meurtriére*）。

無論如何，總統權力可說名存實亡。首先，總統任命總理沒有選擇餘地。誰能夠掌握國會多數，總統便須加以任命。抑有甚者，國會多數領袖可以自行決定總理人選，總統不得拒絕。1993年右派贏得國會改選，密特朗如席哈克所願任命巴拉杜為總理。此外，需要總理提請方可行使的各項權力，如交付公投和法案覆議都會遭到凍結。

相對於總統不利處境，總理成為名副其實行政首長。然而，總統和總理間的緊張對立終究難免。1986到1988年間，第五共和首次出現左右共治。當時，右派席次優勢不如1993年明顯，密特朗得以有限度影響政府決策。例如，席哈克被迫選擇密特朗可以接受的人選擔任國防及外交部長。與此同時，密特朗表示將拒絕簽署未經國會通過，卻和勞工權益相關的行政命令。

總統可以透過接受訪問和發布新聞稿等方式表達他和總理之間歧見。他的終極武器是解散國會進行改選。然而，這必須冒去職的政治風險。總統在任內解散國會都會遵守一次為限的不成文規定。2002到2022年，法國不復出現左右共治現象，總統也不曾再行使解散國會權限。2022年，情形再次出現重大變化。團結聯盟（Ensemble!）僅僅在國會改選當中得到245席的相對多數，替政局發展投下變數。

主動解散權

第五共和憲法規定總統透過總理與國會進行互動。1981年密特朗當選總統，再也無法去國民議會所在的波旁宮探望舊識。對此，他有過抱怨。然而，總統可以主動解散國會，訴諸民意裁決，相關決定無須得到總理副署。

在這方面，總統必須滿足下述形式要件，即事先諮詢總理和國會兩院議長意見。然而，這三個人非但可能意見相左，同時對於總統解散國會決定並無拘束力。再者，解散時機受到三點限制：第一，距離前次解散一年之內，總統不得行使解散權；第二，總統行使緊急命令權同時不得解散國會；第三，參院議長代理總統不得行使解散權。

第五共和賦予總統解散國會權力，從內閣制或總統制觀點都很難解釋得通。在內閣制國家，虛位元首必須得到總理提請和副署方可解散國會，總統制則無解散國會設計。因此，法國總統享有解散權，厥為解決他和國會間可能出現的政治僵局，以及處理社會危機。

1968年5月，法國學潮工運（May event）日益熾烈，戴高樂試圖訴諸公投穩固個人領導地位，總理龐畢度則建議他解散國會。結果證明龐畢度看法正確，支持戴高樂的捍衛共和同盟（UDR）取得過半席次。

緊急命令權

第五共和憲法第16條是總統緊急命令權法源。雖然總統可以單獨做成國家進入緊急狀態決定，但是仍須考慮形式要件，其中包括：第一，國家遭遇明顯而立即危險；第二，公權力無法正常運作。總統

行使緊急命令權無須總理副署，需要注意的是，他的一切作為應以儘速回復正常憲政秩序為考量。與此同時，人民有權提請最高行政法院（*Conseil d'Etat*）制止總統濫用緊急命令權。

程序上，總統行使緊急命令權之前必須諮詢總理、國會兩院議長以及憲法委員會意見，然而彼等意見不具拘束力。憲法委員會應以公開方式發表見解。總統做成決定後須以正式文告告知全國人民。

總統在國家進入緊急狀態期間不得解散國會，也不得修改憲法。相對地，內閣和國會仍舊正常運作。例如，國會可以議決法案，也可以倒閣，只是不得挑戰總統權力。此外，憲法第49條限期立法規定停止適用。

第五共和賦予總統緊急命令權是想避免1940年德國入侵後群龍無首局面。法理上第16條違反共和傳統，接近羅馬法裡頭的獨裁規範，因此是自由派人士夢魘。證諸實際，第五共和總統並未濫用緊急命令權，至今只有戴高樂在1961年行使過一次。是年4月，駐紮在阿爾及利亞的法國部隊發動政變，雖然這次政變幾天後就被平定，但是因此宣布的緊急狀態維持到9月。

從第五共和制憲，到維岱爾委員會發表修憲建議報告，不斷有人主張廢除憲法第16條。不過，近二十年來相關主張比較沉寂，原因或許是總統行使權力越來越制度化，動用緊急命令權的可能性降低。民意支持度高的總統可以訴諸限期立法，甚至解散國會貫徹政治主張。相反地，支持度低的總統動用憲法第16條無異政治自殺。

第三節　總統制下的總統

　　總統制是美國首創，多數學者同意，這項制度是1787年制憲者在君主制度與無政府狀態之間不得已的選擇。再者，由於華盛頓篤定成為首任總統，有助減少爭議。儘管如此，若干制憲者仍然擔心總統制成為「君主搖籃」。

　　美國總統任期四年，自華盛頓建立連任以一次為限慣例後，歷任總統多能遵守。這項慣例在1940年被羅斯福（Franklin D. Roosevelt）打破，嗣後被明文納入憲法第22條修正案。副總統繼任總統者，任期不得超過10年。詹森總統本可據此競選連任，最終因為越戰衍生的內政問題被迫放棄。

　　美國總統常被稱做「地球上最有權力的人」。事實上，他的權力極少來自憲法明文賦予。憲法第1條明確列舉國會權力，相對地，總統主要憑藉憲法第2條「忠實執行法律」（take care that the laws be faithfully executed）規範行使權力。制憲者刻意採取模稜兩可態度，因此總統在行使職權的時候有很大彈性。

　　能力和使命感是總統行使權力的先決條件。威爾遜曾說：「在全國性事務上頭，總統是唯一的聲音，只要他能夠贏得人民的讚美與信任，其他聲音都無法攖其鋒芒」。國家面臨重大危機是總統施展抱負機會，南北戰爭時期的林肯是典型例證。當客觀環境有利的時候，總統行事帶有君主作風不足為奇，然而，一旦情移勢轉，總統也可能陷入寸步難行困境。

　　多數總統上任之初可以享有一段蜜月期（honeymoon period），雖然他缺乏經驗，卻大權在握，羅斯福的「百日維新」即為典型案例。相對地，進入任期尾聲，特別是第二任後期的總統很少能夠擺脫跛鴨命運。

　　總統權力來源包括：第一，總統是最高行政首長，擁有政府人事任命權。在「聯邦論」書中，漢彌頓認為任命權是總統真正握有的實權；第二，隨著政府職能擴張，總統掌握的行政資源有增加趨勢。透過分贓制度（spoil system），總統得以促使國會通過法案；第三，假使總統認為國會通過法案窒礙難行，得行使憲法賦予的否決權（veto power）；第四，總統是沒有爭議的全國性領袖（national leader），可以主導議題及辯論方向。

　　在這方面，白宮全天候備有攝影器材供媒體使用，一旦有需要，總統可以隨時召開記者會。即使在電視問世以前，總統「議題聚焦能力」（bully pulpit）仍然十分可觀，例如羅斯福的爐邊談話往往能夠左右民意走向。相對地，CNN與C-Span頻道提供國會議員及意見領袖傳達政治理念管道。

　　總統任命權分成兩類。一類總統可以獨立行使，無須徵得國會同意。1939年以後設立的總統辦公室，以及白宮幕僚即屬此類。除了人事部門之外，白宮幕僚分屬四個局處，負責處理新聞、公關、顧問和立法事務。2020年，川普任命大四學生貝肯（James Bacon）出任人事要職。這是當事人第一份受僱工作，因而引發爭議。[4]

---

[4]　https://edition.cnn.com/2020/02/25/politics/white-house-trump-loyalist-college-senior/index.html

　　另一類政府首長任命需要得到參院同意，其中包括白宮直屬單位和部會首長。以白宮直屬單位而言，中情局和預算局最受矚目。倘若參院反對，總統必須另提人選。2006年，波頓（John Bolton）因此辭去駐聯合國大使職務。2017年，川普提名缺乏專業的德佛絲（Betsy DeVos）出任教育部長，遇到阻礙。因為同屬共和黨的兩位議員跑票，副總統彭斯必須史無前例的投下贊成票，通過任命。內閣首長方面，國務卿和國防部長重要性非其他部會首長可及。

　　美國現有15個部會（departments），部會首長可能出身企業領袖，前財政部長鮑森（Henry Paulson）即屬此例。他們也可能出身常任文官或州長。一般來說，總統避免從國會議員當中任命部會首長，部分原因在於議員不得兼任部會首長。例外情形有2001年密內塔（Norman Mineta）被任命為交通部長。

　　雖然美國也有內閣，卻虛有其表。內閣並非法定機構，成員包括重要部會首長。除了國務卿、國防部長和財政部長之外，司法部、內政部、農業部、交通部、能源部及教育部首長也經常出席內閣會議。總統定期或不定期和閣員開會，並且單獨做成決定。最著名例子之一是林肯政策在七人組成內閣會議當中遭到一致反對。然而，最終他裁示7票反對，1票贊成，他的那一票才算數。

　　廚房內閣（kitchen cabinet）地位經常凌駕內閣之上，它的成員並不固定，通常包括白宮幕僚長和國家安全顧問等人。1978年底，卡特政府決定和北京建交，時任國家安全顧問的布里辛斯基用力甚深。相對地，國務卿范錫自始至終被蒙在鼓裡。兩人對於伊朗問題的主張也很分

歧，終於導致范錫辭職。

美國從立國之初就設有副總統。除了做為備位元首，副總統無法從憲法規範當中取得任何行政權力。副總統有多少權力，端視總統決定。美國立國初期，副總統甚至沒有專屬辦公室，這種情形直到1977年卡特就任總統以後才有所改變。到了小布希政府時代，副總統錢尼權傾一時。

分贓是總統爭取國會支持重要手段，其中包括法案交換、人事酬庸和預算互惠。在法案交換方面，先前若干友台議員將給予中共永久最惠國待遇和「台灣安全加強法案」掛鉤。在人事酬庸方面，美國總統任命聯邦政府官員，特別是法官需要得到該州選出同黨參議員同意，俗稱「參議員禮貌」（senatorial courtesy）。

再者，肉桶立法（pork barrel）是分贓制度核心。基於分權制衡原則，國會有權通過增加政府支出法案。理論上，行政部門也有為人民看緊荷包義務。實際上，總統經常和議員達成互惠協議。明乎此，總統所屬政黨未能在國會擁有多數席次不是無法克服的問題，也沒有組成聯合政府必要。

當然，也有些新手不瞭解這點。1976年，卡特當選總統後一口氣刪除19項「浪費納稅人血汗錢」的公共支出計畫。因此他得罪不少議員，和國會間始終紛爭不斷。

總統執行國會通過的法律有相當彈性。例如，國會制定法案，補助各州提供家庭計畫服務，雷根和小布希因此拒絕補助從事流產諮商的

醫療院所。相反地，柯林頓根據同個法案給予補助，在這方面，前總統布坎南（James Buchanan）秉持自由傳統（Whig theory），堅持執法而不造法的理念早已不合時宜，代之而起的是老羅斯福提倡的公僕理論（stewardship theory）。

公僕理論指出，只要憲法和法律沒有明文禁止，總統有權利，也有義務採行福國利民措施。因此，老羅斯福推行許多積極進取的內政和外交政策。例如，他多次援引薛曼法案（Sherman Act），打擊大企業壟斷。與他見解類似的總統包括威爾遜，以及他的遠房表兄弟小羅斯福。

假設國會執意與總統意見相左，否決權是總統對抗國會主要憑藉。早期華盛頓等人極少行使否決權。在做滿兩任總統當中，只有哲斐遜不曾動用過否決權，這種情形到了傑克遜就任後有所改變。1828年，傑克遜憑藉中產階級支持大勝「上流社會」代表小亞當斯（John Quincy Adams）。因此，他經常挾民意挑戰國會在立法方面的優勢地位。

總統行使否決權，目的是迫使國會與他協商，得到雙方能夠接受的妥協方案。小羅斯福行使否決權次數無人能及，1933到1945年間，他一共動用631次否決權，其中僅有9次遭到國會反否決。許多時候，總統僅須威脅動用否決權，便可望得到國會配合。1991年，國會審查民權法案，布希表示一旦國會納入課諸雇主比例分配義務條款，就將行使否決權。結果國會只有讓步，修改條文內容。

假設屬政黨在國會兩院擁有多數席次，總統通常沒有行使否決權的必要。因此，2001到2005年間小布希不曾動用這項權力。2006年，他否決一項幹細胞研究法案，突顯出聲望大不如前的事實。

　　一旦決定行使否決權，總統有兩種選擇。第一，總統可以在法案通過十日內以咨文方式向國會傳達否決立場和理由；第二，總統可以訴諸口袋否決（pocket veto）。最高法院裁定，總統只能在國會休會前從事口袋否決。

　　倘若總統既不行使否決權，又拒絕簽署，相關法案將在十天限期屆滿後自動生效。針對總統否決法案，國會兩院可以三分之二多數維持原議。至於遭到口袋否決的法案，國會只有等到下個會期再議。總統行使否決權受到一層重要限制，就是必須否決整個法案，而非其中某幾項條文。因此，國會經常在法案當中加入總統迫切希望通過條文，減低總統否決可能。

　　1996年，國會通過法案。根據這項法案，總統得就開支法案行使條文否決（item veto）。然而，兩年之後最高法院裁定相關法案違憲，理由是它非但違反憲法分權原則，同時不符合立法程序。

　　除了否決之外，總統不時在簽署法案同時附加聲明，挑戰法案合憲性，以及預告自己的作為和不作為。截至2006年，小布希累計針對700件法案附加聲明，超過前人總和，因而引發關注。即使同黨議員也表示這種做法值得商榷。如果總統不同意法案當中的若干規定，行使否決權才是正途。

　　總統擁有赦免權，最著名的案例是1974年福特就任總統後宣布赦免尼克森。2001年，柯林頓在卸任前夕赦免450人，其中多數是富豪，因此招致非議，甚至司法調查。2017年爆發通俄門醜聞（Russian probe），川普主張總統有權赦免自己，引發憲政爭議。

　　針對總統缺位問題，1967年通過的第25條憲法修正案做出規定。倘若總統因故不能視事，職務由副總統代理。總統缺位事實可以由總統自行宣布，也可由副總統和過半數內閣成員共同認定，就第二種情況而言，還須得到國會兩院三分之二多數通過方才生效。副總統就任總統後應該任命新的副總統，唯須得到國會兩院過半數同意。

　　1973年，副總統安格紐（Spiro Agnew）辭職，尼克森總統任命福特為副總統。1974年，尼克森因為水門事件辭去總統職務，福特繼位成為總統，他隨即任命洛克斐勒為副總統，正副總統均非民選產生，在美國是史無前例。

　　除了辭職、死亡及因故不能視事之外，總統可能因為遭到彈劾而去職。彈劾案需要眾院過半數通過方能成案。遭到彈劾的總統交由參院審理，並且由最高法院院長主持，參院須以三分之二多數通過有罪判決，美國至今沒有總統因此去職。1868年，強森總統（Andrew Johnson）遭到彈劾，最終在參院審理中以一票之差躲過有罪判決。

　　1974年尼克森的情形不同，他涉嫌在兩年前的總統選舉期間從事非法竊聽活動。是年，眾院司法委員會通過彈劾提案，相關罪名包括妨害司法、濫權及藐視國會。隨著不利尼克森的證據一一浮現，辭職下台成為他保留顏面的唯一選擇。倘非如此，咸信他可能首開先例，遭到眾院起訴和參院定罪。

　　在水門事件當中，尼克森不斷要求對他「有成見」的檢察官迴避，因此，1978年國會通過法案，設置獨立於法務部之外的檢察官。1998年，獨立檢察官史塔（Kenneth Starr）就柯林頓涉嫌偽證和妨害司法進行調

查，柯林頓遭到彈劾，但是在參院逃過有罪判決。

美國總統行使權力必須時時爭取國會支持，這與內閣制和雙首長制下政府理應得到立法部門配合的情況大相逕庭。在美國，不僅敵對政黨議員可能為難總統，同黨議員也常基於利益交換或提升形象等理由和總統唱反調。經驗顯示總統所屬政黨能否控制國會多數至關重要，分立政府（divided government）會對總統推動立法產生負面影響。2010年，歐巴馬全力推動健保法案，結果沒有任何共和黨參眾議員投下贊成票。

分立政府是指總統與國會多數分屬不同政黨。1994年，民主黨在期中改選受到重挫。因此，柯林頓提出法案在國會獲得通過比例從85%跌到40%。小布希也曾面臨類似困局。2006年，共和黨在該年期中改選失利，小布希提出法案在國會獲得通過比例從81%跌到38%。

克雷布（Cecil Crabb）和霍特（Pat Holt）曾經以總統行使外交權為例，說明憲法如何讓總統與國會不斷處於對抗局面（Invitation to Struggle）。[5]質言之，除非國家處於緊急狀態，否則美國仍然存在若干1885年威爾遜《國會政府》書中描述現象。

總統有權簽署國際條約。然而條約必須在參院得到三分之二多數同意方能生效。外交協定及口頭諒解則無須經過這項程序。1937年，最高法院裁定總統與外國政府簽署的行政協定（executive agreement）具有和條約同等效力。除了同意和拒絕批准條約之外，參院有權附加修正決議。一次戰後，參院曾經針對凡爾賽和約行使這項職權。由於威爾遜和

5　見 Cecil V. Crabb, Jr. and Pat M. Holt, *Invitation to Struggle: Congress, the President and Foreign Policy*, (Washington D. C.: Congressional Quarterly Press), 1980.

參議員洛奇（Henry Lodge）等人相持不下，最終參院並未批准是項條約，美國也無法成為國際聯盟會員國。此外，參院有權澄清條約內容。

因此，說參院有權批准條約並不正確。在參院審查期間或結束之後，總統隨時可以撤回。1979年，蘇聯進軍阿富汗。鑑於美蘇和解氣氛遭到破壞，卡特主動撤回前此送請參院批准的「美蘇第二階段戰略武器限制條約」（SALT II）。倘若總統不願接受參院附帶條件，也可以拒絕讓條約簽字生效。

比較有爭議的是，總統能否不經參院同意片面中止現行條約效力？1978年，卡特政府宣布與北京建交。1979年元旦，他照會中華民國政府中止1954年兩國簽署的共同防禦條約。多位參議員認為總統中止條約適用亦須得到參院同意。經過司法程序，同年12月最高法院以7票對2票裁定總統決定並不違憲。與此同時，7位法官中的4位認為本案屬政治問題，最高法院不應受理。

小結

即使在現代民主國家，總統仍然享有常人難望項背的優厚待遇。美國總統在位時候的薪俸、特支費和旅行開銷合計甚為可觀。卸任總統除了按年支領退職金，尚可擁有政府派給的隨扈。晚近由於柯林頓總統卸任時年事尚輕，因此引起總統退職金應否活得越久，領得越多的爭議。

經過多次修法，目前美國卸任總統的退職金大抵比照現任閣員，以2008年為例約合年薪19萬美元。在安全方面，柯林頓是最後一位享有終生隨扈待遇的總統。自小布希開始，卸任總統配有隨扈以十年為限。

基於維護國家元首尊嚴，總統除內亂外患罪外不受司法審判成為各國通例。以法國總統席哈克為例，儘管醜聞纏身，但是破毀法院（*Cour de cassation*）仍然認為無權加以傳訊。行政和司法體系慎重態度顯示多數國家仍然給予總統高度尊重。

基於分贓運作特質，總統制必須耗用更多社會資源，是否明智值得思考。假設總統排除制度性妥協可能，勢須有和個別立委談判分贓的心理準備和實質籌碼。

兩項因素讓實權總統必須更加抱持如履薄冰的謹慎態度。第一，大眾傳播媒體力量日益強大，稍有不慎當事人形象便會受到嚴重傷害。最具殺傷力的負面報導包括言語失當、自己或家人生活奢華，以及涉及不當政商關係。

第二，經過2008年金融海嘯肆虐，已開發國家要想恢復昔日榮景並非易事，「馬上好」的可能性微乎其微，民選總統經常成為不滿民眾宣洩怒氣對象。在這方面，當事人允宜低調以對，多做「自我感覺良好」辯解往往只會火上澆油，甚至遭到「何不食肉糜」批評。

實權總統成為「落難總統」（imperiled president）由來已久，中外皆然。在這方面，兩點值得注意：第一，實權總統難以成為國家團結象徵。一旦過了蜜月期，實權總統不免從政治金童變成包袱，成為反對陣營攻擊箭靶，以及同志切割對象，結果往往在掌聲中上台，在噓聲中下台。半世紀以來，能夠善始善終的美國總統可能只有雷根，在法國絕無僅有。

　　第二，實權總統所以落難，不願意向「新民意」妥協，甚至和國會形成立法僵局（legislative gridlock）厥為重要原因。

保留權力和開放空間

　　相較於內閣制和總統制，雙首長制總統權力時大時小，端視能否掌控國會多數而定。相對於國會，總統並無否決法案權力。倘若總統無法得到國會多數支持，須將大部分行政權交由總理行使。國會有權倒閣，總統有權解散國會。若干學者將雙首長制下總統權力分為保留權力和開放空間。在法國，總統保留權力包括提交公投，發布緊急命令，將國會通過法案提交憲法委員會審查，任命憲法委員並指定主席，以總統府名義發布新聞稿，以及行使國會解散權。

　　儘管擁有上述權力，總統是否會率爾行使，或者挾此和國會多數相抗值得重視。首先，總統無視國會反對提交公投事屬罕見，其中最著名案例是1962年戴高樂透過公投變更總統選制。然而戴氏於公投同時解散國會，並且在改選當中再度掌控過半席次，足證在國會多數反對情況下，總統行使是項權力空間仍屬有限。

　　其次，總統行使緊急命令權方式和虛位元首差別有限。1961年，為因應阿爾及利亞政變情勢，戴高樂根據憲法第16條發布緊急命令，其後歷任總統再無行使情事。

　　再者，總統提請釋憲權因為1974年改革受到稀釋，嗣後60位國會議員連署即可提請釋憲。多數時候，在野黨會將國會通過重要法案提請釋憲，勞煩總統行使是項權限可能性幾近於零。與此同時，總統任命憲

法委員並指定主席基本上屬於政治酬庸。法國憲法委員沒有像美國最高法院法官那樣明顯政治立場，總統並不期望藉此影響司法審查結果。

　　最後，總統發表和內閣相左意見，目的是提請輿論注意特定形勢發展，對於國會多數通過法案並無著力之處。假設總統認為內閣施政不受選民支持，自可行使國會解散權，然而，第五共和至今沒有總統在左右共治時期解散國會先例。推其原因有以下兩點：第一，三次左右共治下的政府施政咸認較先前為佳，總統無機可趁；第二，假設解散改選結果不利於總統，總統應辭職負責。

　　因此，在實行雙首長制的法國，總統只能任命得到國會多數支持的總理。1993年，維岱爾憲政改革委員會（Vedel Commission）向密特朗提出研究報告，落實這項原則也是建議重點之一，手段則是建請由國會明示行使閣揆同意權。

　　內閣制與雙首長制國家都是由行政首長負責組織政府和推動政務，這類首長在英日等國稱為首相，在法德等國喚做總理。相對地，美國因為採行總統制，總統兼具國家元首及行政首長身分，沒有設置總理必要。之前艾森豪總統一度有意將國務卿改制為總理，但未成事實。

　　因此，內閣制和雙首長制國家以總理做為政府代稱，如卡斯泰克斯政府（Castex government）；採行總統制的美國用總統姓氏為政府命名，如拜登政府（Biden administration）。雖說中文都譯做「政府」，但是英文名稱卻有不同含意。前者象徵行政和立法權力連鎖，後者突顯總統僅擁有行政權。2020年，法國執政當局訴諸限期立法通過年金改革，招致「馬克宏政府」的譏評。

　　在內閣制國家，總理權力地位日漸提高，早非「同僚中第一人」（*primus inter pares*）。政黨勝負往往取決於總理個人形象，因此在決策過程中，部長和同黨議員必須聽命於總理，德國總理式民主（Chancellor's democracy）之說並非虛語。

　　總理處理政務，下述三點最為重要：第一，總理必須得到國會信任，否則內閣有垮台之虞。在德法等多黨制國家，鑑於閣潮頻繁對於政治穩定造成傷害，因此透過合理化內閣制提高倒閣難度。在法國，限期

立法的相關規範最常被人提及，德國則有建設性不信任（constructive vote of nonconfidence）的制度。

第二，面對多黨政治生態，為了取得國會多數，總理或須組成聯合政府（coalition government）。在這方面，人事分配和政策妥協是門學問。例如，2017年菲力浦出任法國總理，由前進黨（LRM）和民主運動黨（MoDem）組成聯合政府，負起連帶責任（collective responsibility）；第三，總理必須是政黨領袖，或是政黨領袖屬意人選，才能久安其位。

第一節　內閣制下的總理

內閣制下的總理必定是國會多數黨領袖，在長期處於兩黨競爭的英國，首相所屬政黨多數時候能夠掌控過半國會席次。1714年以後，首相領導的內閣逐漸取得自主地位，不再是英王私人顧問。自此，內閣是向平民院，而非英王負責。相對地，英王從中取得重大利益，無論平民院對於內閣處理國務如何不滿，都不會損及君主權威。

由於英王只能任命多數黨領袖組閣，因此可以說首相出自政黨提名和選民同意。如果首相請辭，所屬政黨有權推舉繼任人選。例如，2019年梅伊（Theresa May）辭去首相職務，由同黨強森繼任。此外，執政黨也可以呈請英王解散國會，提前改選，無論是哪種情形，政黨都將扮演關鍵角色。

長年以來，內閣集體政治責任取代個別閣員刑事責任。一旦平民院（House of Commons）對內閣提出譴責，內閣便應總辭。卡麥隆以

前，歷任首相大抵具備豐富政治閱歷。以20世紀而言，首相在就任前最少有12年國會議員資歷，平均則為24年。相對地，美國總統有半數以上不曾擔任國會議員。這意味在英國要當上首相，平均年齡為59歲。透過制度性甄選，由後排議員、前排議員進而成為政黨領袖是英國首相必經之路。

隨著媒體時代來臨，上述原則出現鬆動跡象。先前卡麥隆屢屢因為歷練有限受到質疑，2001年，他首次當選平民院議員。2010年，密里班（Ed Miliband）出任工黨黨魁，他的議員資歷更短。2005年，他首次當選國會議員。2020年工黨舉行黨魁改選，進入最終輪角逐的三位候選人，包括後來勝出的史塔默（Keir Starmer）都是2015年新當選的國會議員。

各黨黨魁產生方式不盡相同。工黨黨魁由選舉人團選舉產生，其中包括國會黨團、地方黨部和工會代表。這三個團體各自決定他們的選舉方式。與此同時，國會黨團能夠控制黨魁改選時機。如果當事人有意挑戰現任黨魁，必須得到五分之一黨團成員連署。倘若黨魁辭職，參選人必須得到八分之一黨團成員連署。2006年，工黨國會黨團表示如果布萊爾不主動辭職，它將提出改選動議。

保守黨國會黨團和中央，以及地方黨部有所區隔，不負責黨的輔選作業。1965年以前，黨魁並非透過選舉產生，而是由資深議員協調出最終人選。之後，保守黨黨魁由國會黨團選舉產生。在第一輪投票當中，當選人得票數必須比次佳者多出15%。到了第二輪投票，當選人需要取得過半票數。而在第三輪投票當中，得票最多者便可勝出。1990年，未

能在第一輪投票中連任迫使柴契爾辭去黨主席和首相職務。

目前，保守黨黨魁選舉分成兩個階段：第一階段由國會黨團選出兩位候選人。有意角逐者必須得到兩位議員支持，交由黨團進行投票。每回合得票最少的候選人遭到淘汰。第二階段是將最終剩下的兩位候選人交由全體黨員投票決定。2019年，強森在第二階段擊敗杭特（Jeremy Hunt）當選黨魁和首相。自民黨黨魁產生方式接近保守黨，同樣是由國會黨團提名，黨員直選產生。

首相有權任免閣員，英國政治重心逐漸由國會、內閣轉移到首相身上。首相權力包括擬定內閣會議議程，以及決定內閣委員會的人事與分工。首相在做成重大政策決定以前並無告知閣員義務。與此同時，首相有權任命文官長，其中以財政部和內閣秘書處最為重要，前者負責編列歲入歲出，後者控制重要文件流向，都會對內閣決策產生影響。

首相並無固定任期，得到選民認同是首相久安其位前提，內閣和國會黨團支持亦屬不可或缺。柴契爾之前的幾位首相平均在位四年左右。相對地，柴契爾在位11年；她的繼任人梅傑在位7年；1997年上台的工黨首相布萊爾在位10年。在這方面，政治文化變遷是主要原因，只要首相能夠維繫聲望於不墜，政黨沒有理由冒失去選票危險陣前換將。

國會握有倒閣權，首相則是有權提請英王解散國會。在英國，首相啟動解散機制並非著眼於解決行政和立法衝突，而是選擇對執政黨有利時間點進行改選。例如，1982年福克蘭戰役結束後，柴契爾挾戰勝聲望解散國會。基於相同考量，布萊爾提前在2001年舉行國會改選，進而成為首位獲得連任的工黨首相。2005年，他再次率領工黨取得改選勝利。

　　相對於柴契爾和布萊爾成功案例，2017年梅伊得到偷雞不成蝕把米的結果。是年，她試圖趁工黨黨魁柯賓不符眾望的機會解散國會，增加保守黨國會席次，進而取得較多進行脫歐談判的籌碼。選舉結果，保守黨甚至無法單獨過半。2019年梅伊被迫辭職，繼任的強森再次尋求解散國會，這才取得穩定多數的國會席次。

　　1970年代以後，英國政黨黨紀不如以往堅強，給首相帶來新的挑戰。即使有鐵娘子稱號的柴契爾也往往無法得到同黨議員全力支持。類似情形出現在工黨政府身上。2003年，若干工黨議員反對投入攻伊戰爭決定，布萊爾必須得到保守黨議員倒戈相助才能取得國會多數同意。

　　英國部會首長動輒超過百人，因此有必要組成內閣這樣的決策核心。1997到2001年間，布萊爾內閣閣員計有21人，其中包括部會大臣、不管部大臣和執政黨黨鞭等等，首相負責簡拔和黜落閣員。要想躋身內閣閣員，當事人通常必須從部會次長和首長拾階而上，他們理應全力兌現所屬政黨開出的競選支票。

連帶責任

　　在英國，內閣負責指揮政府運作，它的成員和權限多由憲政慣例規範，成文法很少提及。16世紀以後，內閣逐步取代樞密院（Privy Council）協調政事功能。1625年，查理一世率先使用內閣一詞，當時英國人大多認為內閣是從國外引進概念，表示反對。

　　雖然法律並未明文規定，但是閣員必須在國會擁有席位，替政策辯護。確定閣員名單是首相權力，閣員人數多在18到24人之間，其中多數

出自在野時的影子內閣（Shadow Cabinet）。在英國，組成影子內閣的政黨稱為忠誠反對黨，意指它只反對政府政策，卻不質疑政府正當性，以及君主象徵國家主權。部會首長不見得都是閣員，但是若干首長，如外相必然被納入閣員名單。

　　傳統上英國內閣運作相當鬆散，先前內閣會議既無議程，也沒有會議紀錄，會議結果由首相以簡短信箋呈交英王。這種情形直到一次大戰勞合喬治擔任首相期間才有所改變。1916年，內閣設秘書處，內閣召開會議或委員會，例由秘書處寄發開會通知。此外，秘書處依照首相指示排定議程，分發文件及負責記錄。

　　內閣會議每週在首相官邸召開兩次，每次為時二至三小時。首相有權召開臨時會議。在內閣運作過程當中，委員會地位重要。立法委員會負責監督法案在國會的審查進度，國防和教育事務也有專門委員會研議。內閣會議很少透過表決決定政策，一俟相關閣員陳述意見完畢，首相便做出總結，首相得出的結論不僅是內閣決議，也是政府政策。1980年代中期，國防大臣赫塞廷曾經挑戰「首相決定即內閣決議」原則。然而，柴契爾成功排除任何集體領導可能，赫塞廷被迫辭職。

　　各部會必須執行內閣決議。薩列斯伯里首相（Lord Salisbury）曾說：「除辭職外，閣員無權與內閣採取相異立場。」此即內閣連帶責任。晚近英國內閣只有在1970年代中期因為是否要留在歐洲共同體打破這項原則。與此同時，閣員有可能為本身疏失負個別責任。1982年福克蘭戰事發生後，外相卡靈頓爵士（Lord Carrington）因為未能及早窺知阿根廷意圖引咎辭職。2017年，國防大臣法倫（Michael Fallon）自承

有過性騷擾的不光彩行為，宣布辭職。

英國首相固然強勢，德國總理也不遑多讓。這得力於基本法三項合理化內閣制的制度設計，即建設性不信任、被動解散和緊急立法。建設性不信任規定將在下章「國會」當中做進一步介紹，此處先就被動解散和緊急立法提出說明。

被動解散

德國提高倒閣難度，主要原因在於威瑪共和時期極端政黨頻頻聯手倒閣，卻又無法在倒閣後合組政府。因此，總理越來越依賴總統興登堡的支持，導致納粹掌權。因此，基本法中納入建設性不信任規定，直接受惠的便是總理。[1]

國會有權提出建設性不信任案，總理也可主動請求國會進行信任投票。倘若未能得到國會多數支持，總理得維持少數政府運作，或是根據基本法第68條在三個星期內提請總統解散國會。質言之，只有主動要求信任投票卻闖關失敗，總理才可提請總統解散國會，此即所謂被動解散。假設國會能夠在總統宣布解散前通過新總理人選即無改選可能，被動解散的著眼點在於避免總理濫用解散權。

1982年，為兌現提前舉行國會改選的承諾，總理柯爾決定行使被動解散權。德國眾議員任期4年，柯爾此舉是執政黨促成國會提前改選的唯一方法。若干學者認為基本法第68條規定不包括「執政黨倒自己

---

[1] 見 Russell J. Dalton, *Politics in West Germany*, (Gleinview Illinois: Scott, Foresman and Company), 1989, pp. 58-59.

閣」情況在內，然而政治實踐卻否定這種說法。柯爾請求眾院對內閣進行信任投票，結果8票贊成，218票反對，以及248票棄權。通過倒閣的國會多數並未指定總理繼任人選，柯爾提請總統解散國會。

針對柯爾請求，總統卡斯坦斯並未立即應允，原因在於柯爾提請解散背景和前此布蘭德（Willy Brandt）政府情形不同。1972年布蘭德設局倒自己的閣，促成國會提前改選，理由較柯爾充分。是時眾院就政府預算進行表決，出現可否同數僵局，除非提前改選，布蘭德政府將陷於動彈不得境地。

1982年情形並非如此。柯爾內閣明顯握有國會多數。質言之，解散目的不是解決行政和立法部門之間僵局，而是要在柯爾指定的時間點進行改選。最終卡斯坦斯批准柯爾解散國會請求。對此，四位國會議員提請憲法法院解釋這項決定是否合憲。

1983年，憲法法院以6票對2票做成合憲解釋。釋憲文指出，明顯擁有國會多數支持的總理不得援引第68條規定。然而，考量到自民黨倒戈事實，憲法法院認定柯爾處境並非如此。與此同時，基自兩黨聯合政府保住國會多數席次。柯爾內閣正當性得到確立。

緊急立法

建設性不信任和被動解散規定有助於維持政局穩定。然而，假設總理保住職位，但是國會持續杯葛內閣提出法案，政務仍舊難以推動。針對類似情形，基本法第81條提供總理進入緊急立法狀態的選擇。

當眾院拒絕審查通過內閣提出法案，總理得提請總統宣布進入緊急

立法狀態。除非眾院選出新總理，否則緊急立法狀態至多可持續半年。為了防止濫用，憲法第81條附有可一不可再但書。政府訴諸是項程序，在國會任期屆滿前不得進入另一次緊急立法狀態。此外，政府不得修改或中止憲法效力。

在德國，基本法規定內閣應設副總理，這是英法兩國沒有的。艾德諾（Konrad Adenauer）執政期間，副總理不過聊備一格。1966年，布蘭德在基民黨與社民黨組成的大聯合政府中出任該職，副總理地位轉趨重要。三年後，自民黨主席根舍（Hans-Dietrich Genscher）在社自兩黨聯合政府中擔任副總理兼外交部長，副總理（Vice-Chancellor）官銜宣告確立。

2010年，德國有14個部會，其中有些在柏林，有些在波昂設署辦公。內閣閣員由總理提請總統任免，當事人不僅得兼任眾議員，同時多數來自眾院。德國內閣會議運作較其他國家嚴謹，例如，內閣會議必須有一定人數出席才不致流會。閣員意見分歧時候必須進行表決，多數時候以二分之一做為通過門檻。財政問題以總理和財政部長意見為準，除非他們同意，國會無權變更支出項目內容。質言之，國會無權修改政府稅入和支出比重。

基本法規定，向眾院負責的不是內閣，而是總理，此即為何艾德諾甚少徵詢閣員意見。因此，三分之二法案是由政府提出，邦政府有權在聯邦院提出法案，但是不常這麼做。1994到1998年間，政府提出法案有90%成功機率，國會議員提案則只有30%通過可能性。

基本法規定，總理有權決定閣員數目和職掌。部長享有自主性

（ministerial autonomy），只要部會政策走向符合內閣訂定的指導原則，部長有權控管內部作業，不受內閣干預。

德國側重制度性甄選，閣員需要具備長時間歷練。他們通常出身黨務系統，或是嫻熟地方事務。在這方面，梅克爾是個異數，1989年，她在東柏林取得化學博士學位。隨著東德變天，梅克爾在1990年加入基民黨，並且當選國會議員。1991年，她出任婦女和青年事務部長，並在1994年出任環保部長。2000年，梅克爾當選基民黨黨魁，進而在2005年成為德國首位女性，以及來自東德的總理。

制度甄選意謂全國性政治人物有著長期合作或交手經驗，文官轉任和回任情形普遍。1960年以後，除了梅克爾之外，歷任總理都曾當過邦總理。很少有企業領袖或公眾人物能夠轉換跑道，成功開展政治生涯。

第二節　雙首長制下的總理

相較於內閣制，雙首長制下的總理行使職權必須多加一層考慮，就是他和總統的權力互動。在法國，多數時候總理和總統隸屬同個政黨，或具備相同政黨傾向。由於總統才是國會多數真正掌控者，總理只能以總統幕僚長自居。當選總統以前，密特朗曾經批評這種現象不甚合理，並且說總理是「第五共和憲法的受害者」。[2]1981年，贏得總統選舉的密特朗改變態度，認為「總統多數」（presidential majority）優於「國

2　見Jean-Louis Quermonne, *Le gouvernement de la France sous la Ve République*, (Paris : Dalloz), 1980, p. 637.

會多數」（parliamentary majority）。

憲法第19條規定，除了交付公投等例外情形，總統決策必須得到總理和相關部會首長副署。就第五共和憲政規範而言，副署具有雙重意義：第一，它試圖維持法國民主傳統，國家元首理應先聽取閣員意見再決定行止；第二，它突顯總統和內閣同意承擔連帶責任。假設總統和總理分屬不同政黨傾向，左右共治情況隨即產生。

左右共治是雙首長制國家出現的非常態政治局面，無論就發生原因和實際運作而言，左右共治都和聯合政府大相逕庭。左右共治是指總統和國會多數分屬不同政黨傾向，因而被迫任命多數黨領袖出任總理。聯合政府則是因為沒有任何政黨取得過半國會席次，必須由兩個或兩個以上政黨組成執政聯盟。

左右共治肇因於總統所屬政黨在國會選舉當中失利，又不願辭職下台所致。在法國，總統與國會議員任期不一致被視為左右共治出現主因。1986年和1993年兩次左右共治因此產生。2000年以前，第五共和總統任期七年，國會議員任期五年。隨著總統任期縮短為五年，加上2002年「先選總統，再選國會議員」時程安排，左右共治或將成為歷史名詞。

左右共治未必是聯合政府。1993年法國舉行國會選舉，假設第一大黨共和聯盟決定單獨組閣，就不會產生聯合政府。相對地，聯合政府經常出現在非左右共治時期。例如，1981年社會黨接連贏得總統和國會選舉，並且決定與共黨組成聯合政府。

　　第五共和迄今三次出現左右共治，各自有其歷史背景。1986年，密特朗總統任期尚餘兩年，然而1981年選出的國會已屆改選。選舉結果，右派取得多數，密特朗任命席哈克出任總理，開啟第一次左右共治。1988年，密特朗在總統選舉中連任成功，並且隨即解散國會進行改選，社會黨重新掌握多數，左右共治宣告結束。

　　1993年國會舉行定期改選，右派得到壓倒性勝利，席哈克以共和聯盟主席身分要求密特朗辭職，但是密特朗相應不理。有了1986到1988年前車之鑑，席哈克將總理一職讓予同屬共和聯盟的巴拉杜，專心準備兩年後總統選舉，第二次左右共治於焉展開。

　　1995年席哈克當選總統，結束第二次左右共治，國會原本應於1998年進行改選，然而席哈克和他任命的總理朱貝聲望日益低落。抑有甚者，他們必須就歐盟整合推動不受歡迎的改革，關鍵之一是配合歐元上路，政府必須緊縮公共開支，將赤字減少到歐盟可以接受的上限。

　　1997年，席哈克決定提前解散國會，結果右派遭到慘敗。此番主客易位，社會黨要求席哈克辭職負責，席哈克則和四年前密特朗反應相同，堅持做完任期。選舉過後，席哈克任命社會黨喬斯潘為總理，開啟第三次左右共治。

　　第三次左右共治迫使法國朝野正視問題嚴重性。相較之下，第三次左右共治有兩點差異：第一，密特朗任內左右共治全都肇因於總統和國會任期不同，1986和1993年兩次國會選舉均為定期改選，1997年則為席哈克主動行使解散權，提前舉行國會改選。

第二，1986和1993年兩次左右共治均為時兩年，1997年後則須五年處在這種非常態政治情勢之下。因此，席哈克決定將縮短總統任期問題交付公民複決，並且獲得通過。2002年，法國同時舉行總統和國會改選，在社會黨主導下，總統選舉時間略早於國會改選。

社會黨之所以這麼做，是因為自信能夠贏得總統選舉，果真如此，喬斯潘可望發揮加持效應，替該黨增加國會席次。相對地，共和聯盟主張依照原定時程先進行國會改選，再選總統。它認為贏得國會改選可以提高席哈克連任機會。左派居多數的國會通過社會黨提案，然而喬斯潘意外在總統選舉第一輪遭到淘汰。

內閣連帶責任

第五共和憲法規定，部會首長由總理提請總統任免，部長通常出身國民議會議員，用意在於掌控國會多數。根據慣例，新就任的總理會在國民議會發表政策演說，並且要求議會進行信任投票。2017年7月，總理菲力浦（Edouard Philippe）在信任投票當中取得370票贊成，67票反對的多數支持，穩住閣揆寶座。

參議員有時也會被邀請入閣，至於不是來自國會的部長多數是技術官僚。因此，無黨籍人士往往能夠出掌重要部會，這是法國和英德等典型內閣制國家不同地方。例如，2002年後歷任外交、內政部長，進而出任總理的戴維班（Dominique de Villepin）即屬無黨籍人士。2017年，菲力浦被任命為總理後被共和黨「確認停權」，但又不願加入前進黨，成為無黨籍總理的特殊案例。

　　總理辭職必定導致內閣總辭，法國總理辭職的情況可以分為四類：第一是與總統政治理念不合，主動請辭；第二是在總統和國會改選後禮貌性請辭；第三是國會倒閣，總理被迫請辭；第四是總統另有打算，要求總理辭職。在最後一種情況下，如果總理堅拒辭職，總統和總理之間難免形成僵局。然而，截至目前這種情形尚未發生。

　　如同英德等國，部長可以個別辭職。例如，喬斯潘政府中的財經部長卡恩（Dominique Strauss-Kahn）因為捲入政治獻金醜聞請辭。據信他是在總理授意下辭職，畢竟辭職比被免職要好。此外，部長請辭可能基於總理棄車保帥考量，2000年喬斯潘重組內閣，不無讓成為眾矢之的教育部長單獨扛起政治責任意味。是時喬斯潘角逐2002年總統情勢逐漸明朗，改組後的內閣被稱為選舉內閣。

　　多數時候法國由聯合政府執政，部會首長分配是門學問。第五共和至今，單一政黨多次在國會選舉當中取得過半席位。儘管如此，勝選政黨往往仍舊決定和其他政黨共組政府，相關事例見諸1981年的社會黨和共黨。2002年，人民運動同盟也和激進黨（Parti radical, PR）組成聯合內閣。

　　1981年，總理莫華（Philippe Mauroy）原本只同意給予共黨一席國務部長、一席助理部長和兩席部務卿。在共黨反彈之下，社會黨同意重開協商，最終共黨得到一席國務部長和三席全權部長。

　　由總理和部會首長組成的部長會議（*Conseil des ministres*，亦稱內閣會議）有其憲法地位，總理正式官銜是部長會議主席。除了總理有權任免部長外，部長之間地位亦非平等。

部長分成四等。第一等是國務部長（*ministre d'Etat*），循例由執政黨（聯盟）內部重量級人士出任，法務、內政和財政部長往往被列入這類超級部長之林。國務部長不時和總統總理舉行核心內閣會議（*Conseil restreint*），重要性非其他閣員可比。1997年，喬斯潘組閣以後為拉近總理和閣員間距離不再設國務部長。2002年拉法漢承襲這項做法，未來國務部長可能成為絕響。

第二等是全權部長（*ministre de plein exercice*），國務和全權部長都是部級單位首長，有權固定出席內閣會議。部級單位數目可彈性調整，一般介於15至34個之間。例如，巴爾政府之前，財政部長兼管經濟，巴爾主政以後，財政和經濟兩部時分時合。法國人習慣以單位所在地做為部會別名，如以貝爾西（Bercy）稱呼經濟部。

國務和全權部長之下，第三等是助理部長（*ministre délégué*），助理部長也可出席內閣會議，但是因為他歸總理或全權部長節制，發言需要得到直屬長官同意；第四等是部務卿（*secrétaire d'Etat*），除非內閣會議議程納入部務卿主管業務，否則當事人無權出席。

部務卿的職責有幾種可能，首先，他可能負責部會業務；其次，他可能直屬總理，負責專案處理；最後，他可能扮演次長角色，協助部長處理部務。以2002年組成的拉法漢（Jean-Pierre Raffarin）政府為例，計有15位全權部長、11位助理部長和12位部務卿。

部長會議議程由1935年設立的秘書處安排，會前秘書處必須向總理和總統請示，並且由總統做成最後決定。秘書處的人事精簡，但是地位重要，國會協調是秘書長的主要工作。

部長會議紀錄由總統府建檔,內容包括審查法案和行政命令,以及協調部會歧見。國務和全權部長有權固定出席部長會議,未能出席的助理部長及部務卿通常由法務部長負責告知會議決定。部長會議採行一致決,對於內閣政策有不同意見的閣員必須辭職。

在聯合政府當中,要求意見不同閣員去職並非易事,與總理意見相左部會首長未必肯主動求去。例如,2002年喬斯潘政府針對柯西嘉島法律地位和當地民族主義黨派達成協議,此舉引發時任內政部長的謝維勒蒙(Jean-Pierre Chevènement)不滿,聲言不會在國會審查當中替相關法案辯護。然而,小黨(謝氏為公民運動黨主席)的抵制難以持久,最終謝維勒蒙被迫辭去內政部長。

兼任限制

第五共和憲法第23條替內閣閣員設下三項兼任限制:第一,不得兼任國會議員;第二,不得兼任全國性職業團體代表;第三,不得兼任其他公私法人組織工作。雖然第一項限制和內閣制常態背道而馳,但是國民議會議員出身的部會首長仍有掌控國會多數能耐。

第23條著眼於強化內閣對國會的控制。第三與第四共和時期,身兼國會議員的部會首長未必在意內閣命運,即使內閣遭到推翻,彼等仍能保有議員席位,靜待復出機會。第五共和試圖緊縮此等長樂老人翻雲覆雨空間。一旦內閣垮台,部會首長可能落得兩手空空,因此,閣員必定盡力動員同黨議員支持。

不同於總統制國家,法國閣員有權到國會陳述意見,進而指揮與自

己有扈從關係的議員進行表決。此外，閣員仍可兼任政黨領袖和地方公職，後者即為公職兼任（*cumul des mandats*）制度。例如貝賀戈瓦在出任總理後繼續兼任中部小城內維爾市市長，朱貝亦曾兼任波爾多市長，實際上市政均委由副市長處理。

喬斯潘出任總理後要求閣員不得兼任地方首長，以便全心投入政務。由於出任重要城市市長是尋求政治生涯突破關鍵，當事人多會仔細考量其中利弊。1997年，杜德蔓（Catherine Trautmann）因此辭去史特拉斯堡市長，出任文化部長。2001年，奧布瑞當選里耳市長，決定辭去勞工部長。

1985年，國會立法將重要兼職數目減少為兩個。2000年，喬斯潘政府進一步提出法案，禁止部會首長，甚至國會議員兼任地方首長，特別是不得兼任重要城市市長。不過，相關法案並未獲得通過。2002到2007年間，拉法漢與戴維班政府大抵遵循這項原則，但是例外情形所在多有。2007年費雍組閣，公職兼任限制大幅鬆綁，多位部長兼任地方首長，如發展部長朱貝持續擔任波爾多市長。

議員獲得入閣邀請，必須在一個月內做出選擇，屆時當事人未做決定視同出任閣員，他的議員席位自動遭到遞補。揆諸實際，幾乎無人拒絕入閣邀請，同時都是依照屆期不表態模式放棄議員席位。在這個月當中，當事人喪失在國會當中的表決權。

這項規定對於只在國會擁有微弱多數的政府影響較大。一方面新任部長已經喪失表決權，另一方面候補人選尚未真除。候補人選任期至國會改選為止。就法律層面而言，倘若部長中途喪失閣員職務，本應無法

恢復議員身分，然則因為備胎多是當事人忠實部屬，所以都會循例辭職造成補選。

　　為了降低國會議員出任部會首長風險，第五共和採行下述兩項措施：第一，假設卸任部長無法找到有給職工作，離任後六個月內可繼續領取部長薪俸；第二，當補選成為定局，先前候補取得議員資格者不得登記為候選人。2008年後，執政黨進一步修法，卸任閣員將可自動回復議員身分。

　　上述規範招致批評，原因在於禁止部長兼任議員，部分是考量到工作負荷問題，但是基於下述兩點，實際與想像呈現落差：首先，議員轉任的部長不僅沒有辦法脫離選區，反而更有可能成為選民請託對象。多數選民認為部長比遞補上的議員夠力，事實也是如此；其次，部長不得兼任議員，卻可兼任地方公職。然而，地方公職業務繁瑣程度通常超過國會議員。

限期立法

　　相對於國會，內閣在立法過程中享有優勢。首先，內閣有權剔除他所反對法案，促使國會集中精力處理政府提出法案；其次，國會修正財政和預算法案受到限制；再者，政府可以透過國會程序委員會主導議程。

　　除了在提案方面享有優勢，要讓法案通過，政府手中握有更加有效武器。第一，政府可以修改議程，加速國會審查進度；第二，委員會必須依照內閣提出法案版本進行審查；第三，內閣可以用去留

（commitment of responsibility）要求國會就特定法案進行表決。除非國會願意冒倒閣和解散風險，否則法案隨即通過，此即所謂限期立法。

第五共和憲法第49條第3款規定，總理得在內閣會議討論過後，針對特定法案或政策方針提請國會進行信任投票，雖然程序上需要內閣會議同意並連帶負責，但是事實上均由總理單獨做成決定。此外，除非處在左右共治時期，總理會事先徵詢總統意見。

一旦總理訴諸限期立法程序，假設國會拒絕接受便會引發倒閣危機。此時國會必須考慮兩點：第一，倒閣難度高，國會並無勝算；第二，計票方式有利內閣。執政黨（聯盟）掌握多數的國會理應依照總理意願通過法案。憲法第49條第3款規定，在內閣訴諸限期立法後24小時內，倘若國會未提出譴責動議，法案即視同通過，國會甚至毋須針對法案進行表決。

假設國會在期限內提出譴責動議卻未成立，法案亦視同通過。質言之，凡是不明白表示反對的議員就會被認定支持法案通過，然則如果譴責動議得到過半數議員同意，法案即無法通過，內閣也隨之垮台。

除了爭取時效，限期立法還有兩項作用：第一，降低法案通過難度。在正常立法過程中，贊成、反對和棄權三種投票方式必須分別計算，而在限期立法程序當中，棄權票視同贊成；第二，這項程序能夠避免執政聯盟內部冗長辯論，以及避免國會提出修正案。

內閣援引第49條第3款尚無失手紀錄。1977年，共和聯盟反對依比例代表制選舉歐洲議會議員，然而一旦巴爾訴諸強制立法程序，時任該

黨黨魁的席哈克只得讓步。

1981年以前，內閣很少動用限期立法程序。1981到1986年間，社會黨政府不時基於時效考量循由限期立法通過重要法案。1986年以後，一旦政府未能穩定控制國會多數席次，都會勇於訴諸限期立法程序。在歷任政府當中，賀卡訴諸限期立法次數最多不讓人意外。是時，社會黨掌控的國會席次不及半數。

限期立法的副作用是排除國會有意義地參與立法過程。因此，2008年法國修改憲法，限縮內閣訴諸限期立法的次數與可能性。2009年之後，內閣只能針對財政，以及補助社會安全法案啟動限期立法程序。此外，同位總理在同個會期訴諸限期立法以一次為限。

2015年，為了讓經濟部長馬克宏推動的賣場週日營業法案過關，總理沃爾斯決定訴諸限期立法程序。雖然在野黨提出譴責動議，但是只得到234票贊成，馬克宏法案過關。

小結

無論在內閣制或雙首長制國家，總理都是以行政首長身分推動政務，這是上述兩種制度和總統制的主要差別。在實行總統制的美國，總統本身就是行政首長，沒有設置總理必要。基於總理向國會負責規定，內閣必須握有國會多數。總理必須督導內閣成員，做好決策，行政及部會協調工作。在雙首長制國家，總理還有和總統配合問題。

因為總理角色重要，通常有兩個常設機構從旁協助。第一，秘書處除了替總理處理日常行政工作之外，主要負責行政指揮和國會協調；第

二，內閣會議是政府決策機制。在內閣制國家當中，德國較早建立總理主導全局慣例，英國則是在柴契爾主政後出現類似情形。

在英德等國，總理負責主持內閣會議。至於在實行雙首長制的法國，主持內閣會議的是總統而非總理。在非左右共治時期，總統可以藉此賦予總理新的任務，而在左右共治時期，總統也可以瞭解政府立場，同時適度表達不同意見，這對總統而言並非是件愉快的事。

因此，左右共治只有在雙首長制架構下才有討論意義。經由主持內閣會議，法國總統和總理產生權力互動。在採行內閣制的德國和總統制的美國，左右共治不會成為討論議題。德國總統未必和總理隸屬同個政黨。然則前者扮演虛位元首角色，並無共治可能。

美國總統與國會各自獨立行使職權，欲從總統及國會多數政黨傾向判斷政治責任歸屬有其困難。1954年以來，總統通常至多控制國會兩院當中一院的多數席次。以參眾兩院而言，只有多數黨（majority）和少數黨（minority），並無執政黨（ruling party）與在野黨（opposition party）分別。2000年總統選舉過後，參議員傑佛斯（Jim Jeffords）宣布退出共和黨團，使得該黨在參院居於49對50劣勢，然而小布希政府並未因此進入左右共治狀態。

雖然傑佛斯以無黨籍自居，但是政策主張和民主黨較為接近，小布希政府必須在「戰區飛彈防禦計畫」（Theater Missile Defence, TMD）等重大政策上改弦更張，因此世界報將他處境和左右共治相提併論。這顯示即使在總統制國家，總統所屬政黨握有國會多數仍屬有益無害。無論如何，「美國長期處於左右共治」觀點有待商榷，分立政府（divided government）是比較能被接受的說法。

強勢總理的基礎

　　相對於國會，總理和內閣處在強勢地位是項趨勢。窺其原因，可以分為制度性和非制度性因素。以前者而言，德法兩國都在憲法當中提高倒閣難度。在德國，建設性不信任規定使得國會不能單靠多數倒閣。在法國，倒閣計票方式有利於內閣，總理尚可利用同項優勢訴諸限期立法程序。

　　在非制度性因素方面，政治文化改變是項關鍵。選舉勝負日益取決於總理聲望。當然，政績重要性亦不容忽視。1997年，法國提前舉行國會改選。雖然總理朱貝在第二輪投票前夕辭職，但是已經無法挽回右派敗選命運。

　　握有國會多數是強勢總理的存在前提，無論因為失去同黨議員支持（如1990年柴契爾）、友黨背離（如1982年施密特），或在國會改選失利（如1997年朱貝），總理都須面對去職結果。

第(五)章　國會

　　單從上述兩章來看，行政強勢已經成為普遍現象，即使在德國這類內閣制國家，總理式民主被視為制度運作關鍵。就具有君主傳統的法國而言，總統常被稱做民選帝王（elected monarch）。密特朗主政期間，法國公共電視台曾以「一代共和，四朝君主」為題探討第五共和歷任總統政治風格。

　　例如，季斯卡曾在國宴場合仿照波旁王室慣例率先取食，此舉不僅引起賓客側目，同時在國內造成爭議。1975年，東西陣營簽署赫爾辛基最後議定書，季斯卡也未如同其他國家代表簽具官銜，只寫下自己姓名。美國總統則被稱為君王式總統（imperial president）。

　　行政強勢有個前提，就是得到國會多數支持。在英國，國會主權是行之有年的憲政傳統，國會不僅決定法案通過與否，同時左右首相去留。雙首長制的法國亦復如是，雖然倒閣難度普遍提高，但仍是國會要求政府承擔政治責任利器。1962年，法國國會通過倒閣，類似情形發生在1979年英國和1982年德國。

　　在內閣制和具備內閣制精神的雙首長制國家，行政權向立法權負責是基本原則。即使在總統制國家，沒有國會多數配合的總統仍然寸步難行。例如，1992年柯林頓當選總統後嘗試推動全國性健保制度。然而，

隨著民主黨在1994年期中選舉受到重挫，相關構想失去實現可能。先前甘迺迪也曾指出，一項法案要在國會通過並不容易，要想碰壁卻是再簡單不過。

例如，美國總統有權簽署國際條約，但是必須得到參院三分之二多數議員同意。因此，雖然威爾遜倡議成立國際聯盟，美國卻因為參院反對並未加入成為會員國。此外，部會首長任命亦須參院聽證通過。足證只要是民主國家，得到國會多數支持是政府運作先決條件。

國會有一院制和兩院制分別，雖說英美德法等國均採兩院制，但是單一國會亦無可非議。英法這類單一國家採行兩院制，著眼於由上院肩負延遲立法功能。隨著情勢變遷，英國貴族院的立法功能大幅限縮，法國參院的保守立場則是越來越被視為憲政改革障礙。在這方面，義大利是個例外。在義大利，參眾兩院議員透過類似制度直選產生，因此擁有同等立法權限。

美德兩國上院的存在根據是維護分子邦利益。做為下院的美國眾院議員按人口比例產生，而各州不分大小都有兩名參議員，此即所謂康州妥協（Connecticut Compromise）。根據麥迪遜（James Madison）構想，參眾兩院除了制衡總統之外，彼此間也存在制衡關係，雖然德國基本法避免將聯邦院稱作上院，但是後者參與立法的重要性不亞於眾院。

第一節　內閣制下的國會

內閣制下的國會有兩項權力是政府無法忽視的。首先，法律和預算

案必須得到國會同意。法律案通過與否涉及內閣兌現政策承諾的法源問題，預算案則決定政府歲入歲出，以及動支項目；其次，國會有權透過倒閣讓內閣負起政治責任，雖然辦到這點並不容易，但是政府不能排除其可能性。

英國國會具有悠久歷史。1885年，狄喜（Albert Dicey）提出國會主權概念做為內閣制基礎。他指出，沒有任何權威可以高於國會，除了遵守法治原則，國會意志不受法律限制。

從制度運作角度來看，貴族院起落頗值一提。2020年初，貴族院有786位議員。早在1886年，平民院就曾討論貴族院議員世襲是否恰當，自此貴族院改革成為不間斷的憲政議題。直到今天，貴族院仍然沒有民選議員，因此它的權力在民主國家上議院當中是相對受限的。以往貴族院是英國立法過程的煞車器，隨著時代改變，貴族院逐漸勢微。

1949年後，貴族院仍然享有一年的延遲立法權力。2014年，貴族院否決卡麥隆歐盟公投的法源提案。2017年，貴族院以358對256票通過維持歐洲公民待遇的法律修正案，被解讀成保守黨首相梅伊的挫敗。

財政預算方面，1911年以來貴族院的延遲立法權被縮減為一個月。1999年以前，由於貴族院傾向支持保守黨，因此成為工黨眼中釘。1974到1979年間，343件工黨政府法案在貴族院遭到挫敗。1979到1984年間，保守黨法案只有45件受到相同待遇。2020年，貴族院議員有245位隸屬保守黨，無黨籍有183位，超過工黨黨團的176位。

1958年，國會制定及身而終貴族法案，英王開始任命任期終身的

貴族院議員，女性亦在受封之列。例如，柴契爾卸任後晉封為男爵。在及身而終貴族當中，若干當事人出身高等法院法官，被策封為法律貴族（Law Lords）。2009年最高法院成立以前，法律貴族組成的上訴委員會是英國終審法院。

貴族院議員有權出任內閣閣員，1950年代，出身沙列斯柏里侯爵的塞昔爾（Robert Gascoyne-Cecil）在保守黨政府歷任要職。1976年，工黨賈拉漢組閣，閣員中有兩人出自貴族院。嗣後柴契爾亦曾延請貴族院議員派姆（Francis Pym）出任外相。由於閣員只能出席本身所屬議院，首相必須具備平民院議員資格。1963年，道格拉斯荷姆（Sir Alec Douglas-Home）成為戰後唯一出身貴族院的首相。

1999年，布萊爾政府針對貴族院提出兩階段改革法案。首先，世襲貴族可以繼承爵位，並且角逐平民院議員。然而，他們不再能夠自動取得貴族院席位和表決權，只有及身而終貴族才能成為貴族院議員，是時這類議員共525人。此外，布萊爾政府同意任命92位世襲貴族出任貴族院議員，他們的任期同樣是及身而終。加上若干經常參與議事的世襲議員和神職議員，貴族院議員共計688人。

2003年，過渡階段結束，原本在英國排名第三的政治人物貴族院議長被憲政事務大臣取代。法律貴族人數明定為27人。進入21世紀，民選與否成為貴族院的改革重點。在工黨，以及保守黨和自民黨聯合政府草擬法案當中，民選比例占50%到80%不等。2012年，聯合政府宣布撤回改革法案，至今不再出現重要進展。

平民院

平民院是英國議會政治重心,「除了不能將男人變成女人,可以通過任何法案」。在立法過程當中,議長(Speaker)地位重要,議長由議員選舉產生,究其實首相態度厥為關鍵。

基於維持議長中立傳統,1960年代中葉以前各黨不曾在議長選區推出候選人,如此即使有政黨輪替,議長仍能久安其位。主持議事和維持秩序是議長主要工作;政黨則是透過黨團領袖,特別是黨鞭(whips)指揮黨籍議員發言和表決。2019年11月,出身工黨的霍伊爾(Lindsay Hoyle)當選平民院議長。同年12月,英國舉行國會改選,霍伊爾獲得續任,顯示各政黨願意維持議長中立傳統。

除了11月有幾天隔開新舊會期的休會時間,平民院幾乎全年無休。計入其他休會時間,它平均每年開會十個月左右。會期伊始,首相有義務提出施政報告,交由議會表決。相對地,反對黨可以從中挑選政策辯論議題。此外,院會重視議員質詢權利。每週一到週四開會,議員可以有45分鐘口頭質詢時間。

首相向平民院負責。因此,平民院有權倒閣,首相有權提請英王解散國會。論者稱英國內閣制是「一黨統治,另一黨監督,最終交由全民公決」的制度。做為忠誠反對黨(loyal opposition),在野黨黨魁和黨鞭得以支領政府薪俸。此外,在野黨依照慣例組成影子內閣,隨時做好執政準備。

2001年國會改選失利後,保守黨主席赫格(William Hague)辭去

黨魁職務。在可能繼任人選中，波提諾（Michael Portillot）是影子內閣財相，鄧肯史密斯（Ian Duncan-Smith）則是國防大臣。2010年，工黨在國會改選當中失去政權，首相布朗辭去黨魁，新任黨魁密里班（Ed Miliband）成為影子內閣首相。

正常情況下，在野黨不指望改變執政黨政策，它的工作是透過兩黨前排議員（Front Benches）辯論，促使選民瞭解問題。此舉關係到在野黨能否得到游離選民（floating voter）支持，成為反敗為勝關鍵。

因此，內閣掌握國會的作為和不作為。國會議程由內閣負責安排，審查那些公法案（public bills）和政府法案（government bills），每個法案費時若干均非國會能夠決定。雖然政府有時也會同意讓在野黨挑選辯論議題，但是後者既不提出法案，也沒有通過問題。議員有權以個人名義提案（private members' bills），但是通過機會微乎其微，除非內閣願意接受，任何法案沒有在國會偷渡可能。

與此同時，國會審查預算權力受到嚴格限制。首先，它無權主動提出增加支出和減少收入的動議。其次，雖然在野黨有權大肆抨擊，但是審查預算的院會天數不超過29天。

法案需要國會三讀通過，一讀是將法案提交國會的形式要件，二讀則是法案通過與否關鍵。依照英國慣例，朝野兩黨先就法案原則進行辯論，決定是否原案交付委員會審查。此時尚無提出修正動議可能，這點和美國情形相反，美國國會立法是一讀後隨即將法案交付委員會審查，委員會討論結果可能在院會遭到封殺，同樣情形不會在英國發生。

　　法案交由常設（standing committee）或全院委員會（Committee of the Whole）審查，委員會除了進行細部討論之外，尚可提出修正意見。具有高度爭議性法案會送交全院委員會審查。爭議性加上討論人數多，法案在全院委員會所費時間通常超過常設委員會。假設委員會未做任何修正，法案便進入三讀程序，反之則須在三讀前加上報告程序。由於三讀只能做文字修正，報告程序是對法案實質內容做出修正的最後機會。

　　英國國會的常設委員會不是按照議題命名，而是冠以英文字母，委員會名為常設，實是臨時編組。每有法案送交委員會，選任委員會（Committee on Selection）便任命16到30位議員進入某個常設委員會負責審查。在常設委員會主席和成員任命問題方面，專業素養會被優先考量。同個會期當中，常設委員會不僅成員經常變動，審查各項法案之間往往毫無關連。

　　委員會對於法案並無生殺權力，因而減低議員爭取擔任委員意願。也因此，委員會並非壓力團體著力點。再者，委員會缺乏足夠資訊和專業素養審查文官體系草擬法案，也沒有能力監督法案執行情形。

　　有鑑於此，1960年代英國國會嘗試設立十五個左右的專門委員會（select committee）。不同於常設委員會，專門委員會成員不超過十來個。它有權邀請部會首長和專家學者到會說明或舉行公聽會。然而，專門委員會只負責蒐集資訊，法案審查照例交付常設或全院委員會，這顯示內閣無意放棄它的優勢地位。

1979年倒閣

假設內閣在國會僅握有微弱多數，推動法案的阻力便會增加。1979年，柴契爾領導保守黨倒閣成功即為典型案例。1974年以後，執政的工黨政府始終無法在國會當中取得穩定多數。是年，保守黨希斯政府解散國會進行改選。在635個國會席次當中，過半需要318席。選舉結果，獲得席次最多的工黨只有301席，保守黨得到296席，工黨黨魁威爾森（Harold Wilson）受命組成少數政府。

由於缺乏穩定多數，威爾森隨即於1974年10月解散國會。選舉結果，工黨拉大和保守黨差距，得到319席。然而一席的微弱多數對於工黨政府處境改善有限。它必須仰賴13席自由黨議員，以及24席蘇格蘭和威爾斯政黨議員支持，這項支持是不可靠的，工黨必須時時和他們協商。

1976年，賈拉漢（James Callaghan）取代威爾森出任首相。同年3月，工黨和自由黨組成工自同盟（Lib-Lab alliance）。然而，兩黨並未因此組成聯合政府。根據不成文諒解，自由黨同意在國會當中給予工黨支持。相對地，工黨政府承諾在決策以前先和自由黨協商。經過十五個月嘗試，這項同盟在1978年到期，不過，直到1997年兩黨始終維持合作基調。

無論如何，工黨處境不見好轉，加以英國經濟日趨惡化，給予柴契爾倒閣和執政機會。1979年年初，賈拉漢政府和工會間社會契約宣告破裂，工會拒絕接受5%工資調整上限，輿情對於它的要脅態度多表不滿。與此同時，工黨擴大自治權利方案不切實際，蘇格蘭和威爾斯兩黨

議員撤回對於賈拉漢政府支持。

1979年3月，保守黨對工黨政府提出不信任案。稍早，賈拉漢未如預期在1978年10月聲望回穩時提前舉行改選，伊凡斯（Eric Evans）認為是在策略方面犯下錯誤。表決結果，倒閣案以311對310票通過，賈拉漢聲言訴諸選民裁決。[1]同年5月，國會進行改選，保守黨以43.9%得票率取得339席，工黨得到269席，柴契爾登上首相寶座。

德國兩院制

相較於英國，德國眾院角色近似平民院，聯邦院職權則和貴族院大相逕庭。原因在於德國是聯邦國家，立法過程必須接納分子邦參與。1990年兩德統一，德國分子邦數目由10個增加到16個。聯邦院議員由各邦政府指定出任，負責傳達邦政府對特定法案所持立場。1992年，德國簽署馬斯垂克條約，並且著手修憲，重點在於一旦國家讓渡部分主權，如何保障分子邦權利。

根據基本法第23條，聯邦院權力得到擴張。國家讓渡主權，必須同時取得聯邦院和眾院三分之二多數議員同意。其次，邦政府透過聯邦院參與歐盟事務，歐盟在修改法規之前應先告知聯邦院和眾院。循此，德國一方面推動歐洲整合，另一方面試圖保障分子邦權益。2006年後，35%到40%法案需要得到過半（35位）上院議員同意，在這當中，「聯邦請客，分子邦買單」的法案格外受到重視。

---

[1] 見 Eric Evans，*Thatcher and Thatcherism*，(New York: Routledge)，1997. pp. 8-11。1979年倒閣案是1924年後的成功首例。

聯邦院議員共69人，通常兼任邦政府閣員，他們沒有固定任期，長短端視邦政府，特別是總理態度而定。各邦依照人口比例指派3到6位議員。其中人口超過200萬的邦可以分配到4席，超過600萬的分配到5席，超過700萬的則是分配到6席。聯邦院在立法過程當中扮演重要角色，各政黨都會努力爭取邦的執政權。由於邦議會任期從四到五年不等，聯邦院的組成情形時有更動。議長每年改選一次，由各邦推派代表輪流擔任。

眾議員任期四年，基本法允許常任文官當選眾議員後向所屬單位請假，任滿後可以回復原職。因此，文官出身的眾議員始終在眾院當中維持約三分之一比例，大學和高中教師占的比例大致相當。

聯邦院和眾院均可行使立法權，在眾院立法過程當中，黨團地位重要。根據眾院內規，政黨必須跨過5%席次門檻才享有提出法案等權利。同樣地，只有黨團成員能夠擔任委員會主席。在政策辯論過程當中，各黨團按照席次比例分配發言時間。

黨團會議（Council of Elders）被視為眾院權力中心，在28位成員當中，議長既是當然委員，同時負責主持會議。其餘委員由各黨團按照席次比例分配。黨團會議職權包括確定議程、提案討論的時間分配及任命委員會主席。

眾院現有23個常設委員會，其中多數是專門委員會。眾院依照部會職掌設置若干委員會，包括交通、國防、勞工和農業在內，除了公聽會之外，多數時候委員會依閉門會議方式開會。不同於法國，委員會主席未必是執政黨（聯盟）議員，主席人數和委員會組成均按照政黨實力

分配，聯邦院委員會數目少於眾院，但同樣是立法過程重心。德國是聯邦國家，許多法案需要得到聯邦國會和分子邦一致同意，在教育和文化方面，分子邦享有高度自治權力。

內閣和國會都有法律提案權。如同其他內閣制國家，內閣提案數目遠多於國會。內閣提案必須先送聯邦院審查，如此眾院審查法案之前便已瞭解分子邦立場，以及內閣對各邦意見所持態度。聯邦院提案則須由內閣轉送眾院，同時附加內閣意見。

眾院三讀程序當中，委員會審查有兩項特點：第一，執政聯盟有可能向反對黨讓步，這和英法等國情形差異頗大；第二，執政聯盟成員的政策主張如果不被內閣接受，會透過委員會翻案。眾院三讀通過的法案會回到聯邦院，通常直接交付委員會審查，嗣後院會便根據委員會意見進行表決，表決以邦為單位，各邦分配的3到6票須持相同立場。聯邦院表決通過後，法案便送請總統簽字生效，假設聯邦院未在兩週內採取任何行動，法案視同通過。

倘若上院拒絕為眾院通過法案背書，兩院代表組成的協調委員會（Mediation Committee）便須介入。協調委員會是常設機構，由國會兩院各自推派11位議員組成，它的運作方式有三點值得注意：首先，協調委員會的聯邦院議員不再受邦政府訓令約束；其次，除非得到特許，內閣首長以外人員不得列席；再者，從眾議員任期開始到改選為止，協調委員異動以4人為限。

多數時候，協調委員會能夠得到妥協方案。然而，即使折衷方案得到眾院通過，聯邦院仍然有權否決。假設法案對分子邦權益造成影響，

聯邦院否決等於宣告法案死刑。倘非如此，眾院有權對上院決議進行反否決；如果聯邦院以過半票數否決，眾院可以過半反否決；如果聯邦院以三分之二多數否決，眾院可以三分之二多數反否決。眾院當中的反對黨時能取得聯邦院多數，發揮制衡力量。

即使政府同時取得上下議院多數，也未必能夠確保聯邦院對於法案的支持。假設反對黨控制上院，基於共識傾向的政治文化，也不至於杯葛法案。聯邦政府往往藉著給予分子邦好處控制上院，在這方面，2000年稅制改革是典型案例，聯邦政府同意補助布萊梅，換取該邦聯邦院議員支持。德國統一之後，由於邦與邦間的差異擴大，更難對於聯邦政府採取一致立場，聯邦政府也才能夠施展「分而治之」策略。

在德國，修憲權歸國會所有，修憲案必須同時得到聯邦院和眾院三分之二多數同意方能通過。此外，基本法第1條和第20條不得為修憲標的，前者關乎人權保障，後者著眼於維持聯邦體制。

1982年倒閣

雖然上院地位重要，但是只有眾院能夠提起倒閣，倒閣程序依建設性不信任規定進行，基本原則在於倒閣並非國會單純以多數決為之。1977年，基民黨對施密特政府提出譴責案。在西德，這是第一次有政黨這麼做。該案並未通過，即使通過，施密特也無須辭職。質言之，倒閣前提是眾院在不信任案通過48小時以前確定總理繼任人選，總統必須任命國會多數同意產生的新總理。[2]

---

[2] 見 Michael Balfour, *Germany: The Tides of Power*, (London: Routeledge), 1992, p. 129.

　　1969年，西德舉行國會選舉，結果社民黨得到224席，基民黨（CDU）192席，基民黨友黨基社黨（CSU）50席。居關鍵少數地位的自民黨跨過5%門檻得到30席。基民黨試圖拉攏自民黨右派成員卻功敗垂成，自民黨決定和社民黨組成聯合政府，社民黨主席布蘭德在國會496席中得到251票出任閣揆。

　　布蘭德政府上任後首要工作是改善西德與東德，以及西德和蘇聯集團國家關係。所謂東進政策（*Ostpolitik*）是在承認1945年以來領土現狀基礎上推動和解，基民黨表示反對。1971年底，西德國會開始討論和東德簽署基本條約（Basic Treaty）。

　　在社民黨和基民黨這一回合政治角力當中，自民黨再度扮演關鍵少數角色。雖然自民黨主席史基爾（Walter Scheel）以外長身分參與東西德談判，卻無力阻止黨內雜音出現，1970年初德國舉行邦議會選舉，自民黨內有成員將失利責任歸諸聯合政府的東進政策。同年10月，三位自民黨議員改投基民黨。

　　1972年，基民黨主席巴塞爾（Rainer Barzel）認為時機成熟，首度援引建設性不信任規定試圖推翻布蘭德政府。不過，巴塞爾忽略下述兩點：首先，西德人民普遍希望早日和東德關係正常化；其次，國會中正反票數接近，給予現任者各個擊破機會。結果顯示至少有一位基民黨議員投下反對票，因此出現社民黨黨鞭魏納德（Karl Wienand）買票傳聞。不信任投票以247票的兩票之差歸於失敗。

　　1972年失敗並不意謂倒閣全無成功機會，社民黨和自民黨能否繼續合作才是關鍵。1969年以來，兩黨合作基礎在於自民黨關鍵少數地

位，而非政策理念契合。事實上，在組成聯合政府前一年，自民黨發表佛萊堡宣言，宣言當中強調的自由主義精神與基民黨相近，和社民黨社會主義政策路線格格不入。

嗣後社民黨和自民黨經常因為社會政策產生爭執，1980年代初期，這種情形因為西德經濟情況惡化更加難以處理。西德經濟成長開始趨緩，通貨膨脹快速攀升，加上政府採行稅制無助加強企業投資意願，民間投資不增反減，景氣低迷及失業問題漸趨嚴重。

面對嚴峻經濟形勢，社民黨和自民黨意見並不一致。自民黨籍經濟部長藍姆斯多夫（Otto Markgraf von Lambsdorff）主張採取市場經濟路線，遭到社民黨籍總理施密特反對。1982年，施密特要求自民黨閣員在他和藍姆斯多夫間做出選擇，結果自民黨閣員全數和藍姆斯多夫共進退。基民黨主席柯爾啟動建設性不信任機制，結果256票支持柯爾出任新總理，支持施密特則有235席，4位議員棄權，施密特政府宣告垮台。

第二節　雙首長制下的國會

法國國會採行兩院制，其中包括參議院（*Sénat*，簡稱參院）和國民議會（*l'Assemblée nationale*）。國民議會共577席議員，任期五年。2011年，參院擁有348席議員，任期六年，自2004年以後每三年改選半數。

1985年以前，國會議員兼任其他公職不受限制。是年，法比斯（Laurent Fabius）政府推動改革，1997年上任的喬斯潘政府再接再

厲。英美兩國禁止公職兼任（dual mandate），有相同情形的德國議員比例是25%。2012年，歐蘭德在競選總統期間做出進一步改革承諾。2014年，國會通過法案，國民議會議員和參議員自2017年開始不得兼任市長。2019年以後，歐洲議會議員也不得兼任地方政府首長。

　　兩院當中，僅國民議會擁有倒閣權。國民議會倒閣需要十分之一議員連署，每位議員在同個會期只能參加一次連署，連署名單提出後不得加入或退出，政黨不敢任意造次。其次，倒閣動議須在提出48小時以後付諸表決，政府有足夠時間和執政聯盟內部各個政黨進行協商。這是鑑於第三與第四共和閣潮頻繁，倒閣動議採立時表決是主因之一。倒閣動議成案即不可撤回，必須進行表決。

　　與此同時，計票方式對內閣有利。僅有明示贊成票計入倒閣有效票，廢票和棄權視同反對倒閣。因此，第五共和迄今僅有1962年一次倒閣成功經驗。在其他失敗案例當中，國會和內閣地位出現此消彼長現象。遭到國會譴責總理應向總統請辭，總統也應接受，但是第五共和賦予總統另一項抗衡機制，即解散國會。

1962年倒閣

　　1962年倒閣經驗證明第五共和相關規定有助於維持政府穩定。10月5日，國民議會以280票贊成，241票反對對龐畢度政府提出譴責。10月9日，龐畢度向戴高樂請辭，戴高樂隨即宣布解散國會。值得注意的是，戴高樂遲至11月28日才批准龐畢度辭呈，是時國會改選結果業已揭曉，論者以為戴高樂從未依法批准龐畢度辭職。

10月28日，選民在公民投票當中贊成將總統改為直接民選，反對戴高樂國會議員情勢不妙，因為他們原本是在這個題目上進行倒閣。11月18日和25日，戴高樂派在國會改選當中獲勝。雖然戴高樂做法受到爭議，但是民意卻在總統、內閣和國會之間做出明確裁決。12月6日，戴高樂再次任命龐畢度出任總理。

這次事件突顯下述兩項意義。首先，國會譴責對象不僅是總理，同時有向總統將軍意味。正確地說，戴高樂才是國會所要譴責的人，龐畢度不過是代罪羔羊。[3]

其次，國會倒閣既如此困難，即使成功還須面對總統反撲，所以提出譴責動議可說是知其不可而為之。在內閣制國家，在野黨提出譴責動議目的是迫使內閣負起政治責任，取得執政地位。這項意義在法國第五共和憲政運作當中逐漸變質。國會提出譴責案並不指望成功，而是藉此提醒選民注意問題重要性，促使政府和在野黨，或是執政聯盟當中的異議者進行政策辯論。

立法過程

第五共和國會運作繫於下述規範：第一是憲法條文，合理化內閣制相關條文顯示制憲者無意維持典型內閣制傳統；第二是國會組織法；第三是國會兩院內規。根據憲法第61條第1款規定，國會內規必須交付憲法委員會審查確定其合憲性。例如，憲法委員會曾經裁定國會限制備詢閣員發言時間不合乎憲法精神。

3　見胡祖慶，《倒閣是對總統的不信任投票》，中國時報，民國89年10月30日，15版。

　　憲法第28條規定，法國國會一年有兩個會期。第一會期自10月2日開議，為時80天。第二會期則由4月2日開議，為時90天。質言之，每個會期不超過三個月，每年開會170天並不為多，特別第一會期通常用於預算審查。國會開會天數少有利於行政部門，國民議會往往得在時間壓力下快速通過次年政府預算。此外，國會在年初長時間休會不符合立法效率。因此，1995年席哈克接受國民議會議長塞根（Philippe Séquin）建議推動改革。

　　1995年以後，法國國會正常會期從10月到次年6月，為時九個月。然而，為了避免國會擴權，修正後的憲法第28條規定，每個會期開會不得超120天。如果需要延會，根據憲法第29條可由總理或國會發起。如果由後者發動，自須得到多數議員同意，相對地，總理提請延會幾乎沒有限制，因此，絕大多數延會動議由總理主導。

　　國會議員提請延會不僅少見，同時受到雙重限制。第一，延會天數以審查完畢先前列入議程法案所需為限，每次不得超過十二天；第二，除非總理同意，兩次延會期間必須相隔一個月。另外一項問題是，總統是否有權拒絕國會提出的延會決議。1960年，國會以過半287票通過召開延會會期，遭到戴高樂拒絕。除了正規和延會會期之外，國會尚可依法召開臨時會。

　　在議事運作方面，黨團、委員會及院會最為重要。黨團由各政黨或政治傾向接近議員組成。國民議會當中的黨團須有15位以上成員。1988年以前，黨團組成門檻是30席。然而，在是年國會改選當中，共黨只得到27席，執政的社會黨為了將法比斯推上議長寶座，同意將門檻

降為20席。

2009年，這項門檻降為15席。因此，2012年選舉過後，取得17席的生態聯盟（EELV）得以擁有黨團。稍後，得到10席的左派陣線聯合5位他黨議員成立黨團，由共黨議員夏塞尼（André Chassaigne）出任幹事長。參院成立黨團門檻是10位，為了證明自己滿足上述條件，黨團必須以書面方式提供議長成員名單，雖然也有議員不加入任何黨團，但並不多見。

委員會有常設和臨時之分。晚近屬於臨時性質的特別委員會甚少成立，常設委員會地位隨之提高。根據統計，常設委員會每年審查法案達數百件之多。由於國民議會和參院各自成立的常設委員會不得超過6個，因此各個委員會人數頗多。以1990年代初期為例，國民議會常設委員會委員人數從71至143不等，只有對審查中法案感到興趣的議員會出席委員會。

委員會主席循例由執政黨（聯盟）黨團內部推選產生。2009年以後，財政委員會主席改由最大反對黨議員出任。2022年國會改選過後，新左派同盟和民族聯盟因為對於黨團人數計算方式看法不同，所以各自推派人選角逐。

法國國會委員會的另一項特點是設有副主席。1987年民族陣線推派艾瑞奇（Pascal Arrighi）角逐委員會副主席，得到不少右派議員支持。委員會委員必須是黨團成員，各黨團按照實力分得委員會席次，再決定由誰參加何種委員會，發言時間分配也依據相同模式辦理。委員會開會無出席人數限制，但須過半委員出席方可進行表決。

　　委員會審查法案期間，部會首長有權出席並陳述意見。與此同時，委員會有權請求部會首長出席說明，但不得拒絕部長發言請求。委員發言時間通常以5分鐘為度，部長發言無此限制。開會既不對外公開，又不得提出修正案，委員會功能因此受到質疑。在法國，委員會負責討論法案，提供內閣修正意見，這是行政強勢的另一個例證。

　　院會由議長負責主持。根據憲法第32條，國民議會議長任期至定期或提前改選時屆滿。參院議長任期三年，這是因為參議員每三年改選二分之一，議長須於部分改選後重新產生。兩院議長選舉均採秘密投票，倘若要在前兩輪投票當中脫穎而出，必須得到過半票數。如果無人能夠辦到這點，便由第三輪得票最多候選人當選。

　　參院和國民議會議長在憲政運作當中占有重要地位。第一，當總統因故無法視事時候由參院議長代理職務。第二，總統行使緊急命令權和解散國會必須事先徵詢兩院議長意見。第三，兩院議長應當秉持議事中立原則主持院會。

　　雖然議長和委員會主席均由執政黨議員擔任，仍須顧及在野黨議員依法行使職權，主要原因在於避免日後政治報復。不同於英國平民院，議長不僅保有黨籍，同時積極參與政黨活動。例如，1993年塞根積極爭取國會議長寶座，主要是為日後參選總統鋪路。

　　國民議會設有黨團領袖會議（*La Conférence des Présidents*，簡稱黨團會議），由議長負責召集。成員包括六位副議長、常設委員會主席及黨團召集人。雖說執政黨主導會議進行，但是在野黨亦可藉此對議程安排、時間分配和討論方式表達意見，黨團會議原則上每週召開一次。

　　黨團會議在議程安排過程當中的重要性和內閣有段距離，只有當政府提出優先法案都能得到討論與表決，它才能將次要法案納入議程。質言之，內閣一方面有權要求國會迅速通過重要法案，另一方面可以擱置反對黨希望討論的法案。

　　在法案討論過程當中，內閣也占有優勢。首先，部會首長享有充分發言權利。相對地，國會議員發言時間受到排擠，通常法案發起人和領銜連署者較無這方面困擾，其他議員則須多方爭取才能得到有限發言時間。更重要的是，內閣隨時可能提議停止討論，付諸表決。

　　原則上議員應當親自行使表決權。在特殊情況下，當事人可以授權其他議員代為行使，這類情況包括生病、因公出國訪問及其他秘書處認可理由。以往議員兼任公職數目眾多，使得代理投票情形更加普遍。

　　一般說來，議會認定標準相當寬鬆，只不過每位議員代理投票以一票為限。然而，在採用電子投票設備之後，所謂一票為限規定形同具文。法國國會允許議員相互代為行使投票權，主要理由是黨紀嚴格，允許與否不至於影響表決結果。2014年1月，國民議會秘書處通過決議，限縮議員代為行使投票權的權利，並且從同年4月開始實行，效果如何有待觀察。

　　鑑於第三及第四共和質詢方式經常導致內閣垮台，第五共和對此做出修正。首先，憲法規定每星期應有一次院會提供議員質詢內閣機會。質詢分為口頭和書面質詢，即使是口頭質詢，議員也須事先以書面提出，再由政府口頭答覆，內閣應於一個月內在政府公報當中答覆書面質詢，若否，它應當口頭答覆。

　　第五共和憲法規定，法律提案權歸內閣和國會共有，然則議員甚少單獨提案。他們通常透過黨團提出法案或修正案，總理可以將法案先提交國民議會或參院，財政預算必須先提交國民議會。

　　總理提案通過可能性遠超過國會議員。相對地，議員提出法案一則不得增加公共開支或減少國庫收入，二則不得超過立法範圍，否則內閣可以拒絕讓其成案。第五共和憲法依列舉方式畫定國會立法範圍，凡是不屬於前述範圍事項，內閣均可透過行政命令加以規範。倘若國民議會對內閣作為持不同意見，須由議長代表向憲法委員會提出。

　　因此，國會對內閣施壓，修正案成功機率高於法律案。然而倘使內閣認為修正案和現行法律無關，得提請憲法委員會宣布無效。其次，內閣得根據憲法第38條請求國會在某個期間給予立法授權。只須國會同意，內閣得在諮詢最高行政法院意見後逕自發布行政命令，並且立即生效。附帶條件是內閣須於期限內提請國會補行同意，否則先前發布的行政命令自動失效。

　　在預算方面，國會有權削減，但是不可以用拖延方式交換內閣讓步，倘若國會不能在70天內審查完畢，內閣即可透過行政命令執行預算。法案應當得到國民議會和參院一致通過，如果兩院決議文字有出入，法案便須退回重新審查。雖然程序上仍是經由委員會討論再交付大會表決，但是兩院只能針對歧見部分重新審查，其他條文則視同通過，不得再提出修正案。

　　假設兩院歧見無法化解，或是法案具有急迫性，總理可以援引憲法第45條介入協調。無論協調結果為何，總理有權准許國民議會單獨確

定法案最後內容。通常總理須在二讀結束後方可介入，但是如果時間急迫亦可於一讀後直接進入這項程序。這種立法模式在1981年以前甚為少見，之後由於右派繼續掌握參院多數，社會黨政府經常需要援引是項規定避開參院反對。

在這種情況下，總理成為國會兩院的仲裁者，倘使總理和國民議會立場一致，便會行使協調權讓後者通過法案。比較少見的情況是總理意見和參院相同，這時候他會避免介入，促使國會兩院尋求妥協方案。總之，沒有總理介入，國民議會無法在立法過程當中占到參院上風，相對地，總理可以藉此對國會兩院施壓。

假設國會兩院通過內閣認為窒礙難行法案，總理有權提請總統將法案退回覆議，國會不得拒絕，覆議門檻為二分之一，行政部門並無總統制下的否決權力。1974年以後，60位國民議會議員，或60位參議員連署即可聲請憲法委員會解釋法案是否違憲，在野黨訴諸這項程序次數快速增加。憲法委員會認定違憲的法案條文，總統不得公布生效，此時總統有兩種選擇：第一是公告憲法委員會未裁定違憲的法案條文；第二是將全案退回國會覆議。

針對國會通過法案，總統應於15天內公告施行。在聲請憲法委員會解釋可能性增加之後，總統多數時候於第二個星期公告，以便在野黨有充分時間考慮是否聲請釋憲。

根據憲法第89條，國會有修憲提案權和核可權。此外，總統也可在總理建請下啟動修憲程序。不過，總統有權拒絕國會和總理建請。例如，2000年喬斯潘政府建議在修改總統任期同時加上連任以一次為限規

定，遭到席哈克拒絕，直至今日，僅有總統提出的修憲案獲得通過。

　　無論國會或總統提出的修憲案，必須經過國民議會和參院投票通過。在修憲過程當中，內閣不得援引憲法第45條。質言之，國會兩院確認的修憲條文必須一字不差。因此，多數學者認為修憲否決權是參院重要權限。此外，雖然事涉國家根本大法，但是並未採行特別多數決，表決過半即獲通過。國會通過的修憲案隨即交付公民複決，只要得到多數選民同意，新的憲法條文便由總統明令施行。

　　為了避免凡事驚動全體國民，憲法第89條同時規定簡化修憲程序。只要得到總理和相關部會首長副署，總統得決定省略公民複決步驟。在這種情況下，國會兩院議員必須共同前往凡爾賽宮召開會議，修憲案則須得到國會聯席會議（Congress of Parliament）五分之三多數方才通過，1962年到2002年的四十年間，法國修憲大多循此程序進行。

　　簡化程序僅適用總統提出的修憲案，國會提出修憲案必須適用正常程序。沒有任何修憲案遭到國會聯席會議否決，原因是一旦政府發現提案無法得到五分之三議員支持，可以隨時撤回。歷史上這種情形出現過兩次，2000年，席哈克在總理喬斯潘默認下撤回修憲提案，相關案由包括強化司法獨立，以及變更新喀里多尼亞和法屬玻里尼西亞法律地位。

　　關於修憲案的提出時機，憲法設下三項限制。首先，當國土完整受到破壞時候不得提出修憲案；其次，憲法第7條規定參院議長代理總統期間不得提出修憲案；再者，總統宣布國家進入緊急狀態後亦不得提出修憲案。議題限制方面，變更共和政體不得做為實質內容，這是因為君主立憲在法國向來擁有不容忽視的支持力量，共和黨人不得不預做提

防。[4]

1990年以後，法國修憲頻率提高不少。史蒂文絲（Anne Stevens）指出，造成這種現象的原因有以下三點：第一是國際條約影響；第二，總統試圖推動憲政改革；第三是輿論壓力。[5]1992年，密特朗徵詢憲法委員會意見，瞭解擬議中的歐盟條約是否牴觸憲法規範，憲法委員會的答覆是肯定的。一旦法國批准馬斯垂克條約，應就相關議題進行修憲，其中包括賦予歐洲公民地方選舉的投票權，推動歐元整合，以及共同採行申根入境簽證等等。

在憲政改革方面，1995年席哈克提案將國會每年開會時間拉長為九個月，同時擴大公投議題範圍。而在輿論壓力方面，1990年代末期法國國內因為男女平權（parity）實施情形落後其他歐洲國家感到不滿。1999年，法國通過平權修正案，試圖「促成兩性平等參與」。

共和高等法院

雖然第五共和憲法確立行政強勢原則，但是並未忽略主政者應負政治、行政和刑事責任。憲法第67和68條規定，假設總統和部會首長犯下叛國罪，或是政治上的作為與不作為損及人民權利，國會有權將當事人交付共和高等法院（*La Haute Cour de Justice*）審判。

共和高等法院有24位法官，12位候補法官。法官從國會兩院議員當中各選出半數，每逢國會改選，共和高等法院法官須在選後重新產

4　例如，晚近「路易十七」的生死之謎在法國受到關注。經過鑑識，當年病死獄中的確實是路易十六與瑪莉安端烈王后子嗣，並無外傳狸貓換太子情事。

5　見 Stevens, op. cit., pp. 43-48.

生。假設高級官員違法失職，國會得將當事人移送共和高等法院審判。要辦到這點，兩院必須同時得到過半數議員同意，被選為共和高等法院法官的議員不得參與辯論和表決，表決採取記名投票。

受理訟案之後，共和高等法院依無記名投票決定罪名是否成立。如果罪名成立，法院須再次表決決定刑度。兩次表決都須得到過半數法官同意，當事人沒有上訴可能。

1993年，國會根據維岱爾委員會建議通過憲法修正案。一方面，它刪除憲法第68條第2款。自此，共和高等法院管轄權限於犯下叛國罪的總統；另一方面，它成立新的共和法院，負責審理總理和內閣首長因為執行公務涉及的刑事訴訟。共和法院有15位法官，其中包括6位參議員、6位國民議會議員，以及3位破毀法院法官，院長由出身破毀法院的法官擔任。

直到1999年，共和法院才首次審理實際案件。1984年以後，社會黨政府並未接受專家建議將血液製劑加熱，許多血友病患因此在治療過程當中感染愛滋病（此即所謂血液污染事件），並且造成死亡案例。1999年，前總理法比斯、社會事務部長杜華（Georgina Dufoix），以及衛生部長艾維（Edmond Hervé）被移送共和法院審判。法比斯和杜華被判無罪，艾維被判有罪，但未具體求刑。

第三節　總統制下的國會

　　總統制國會與其他國會最大不同之處在於國會只負責立法，無從推舉行政首長，國會無權倒閣，總統也不能解散國會。

　　美國國會採行兩院制，一院為參議院（Senate，簡稱參院），另一院則是眾議院（House of Representatives，簡稱眾院）。雖說國會擁有立法權，但仍受到行政和司法部門制衡。除了總統擁有否決權之外，最高法院也可行使司法審查權。美國憲法將國會權力和責任列在總統與法院之前，相關規範周延程度也非行政及司法部門能及。

　　美國國會重要性反映在開會天數遠超過其他內閣制和雙首長制國家。第20條憲法修正案規定，除非國會另外做成決議，否則應於每年1月3日開議，8月通常有一個月休會期間，除了耶誕及新年假期，國會可說是全年無休。

立法過程

　　在立法方面，參眾兩院享有同等權力，然而只有參議員能夠採取冗長發言（filibustering）策略。針對所要杯葛的法案與人事案，參議員可以透過冗長發言癱瘓議事。除非得到五分之三議員同意，否則議長無權制止當事人發言。議長付諸表決的決定俗稱終極手段（nuclear option）。例如，2013年3月歐巴馬任命布蘭恩（John Brennan）出任中情局長，共和黨參議員（Rand Paul）便以12小時冗長發言進行阻撓。[6]

6　http://www.lemonde.fr/ameriques/article/2013/03/07/cia-rand-paul-se-livre-a-un-exercice-de-flibus-terie-pour-retarder-la-confirmation-de-john-brennan_1844006_3222.html

時至今日，上述場景絕無僅有。2002年，參院就四個版本健保法案進行審查，結果在表決是否停止討論的時候，得票最高的只有59票，因此失去在休會前通過可能。因此，儘管小布希及其所屬共和黨在2004年總統及國會改選中大獲全勝，民主黨籍參議員仍舊矢言在參院進行對抗。

2017年，川普提名戈薩其（Neil Gorsuch）擔任最高法院法官，民主黨參院黨團隨即表示將採取冗長發言手段杯葛。川普呼籲參院議長麥康諾動用終極手段（go nuclear）。他指出在歐巴馬總統任內，民主黨參院黨團已經形成不對內閣人事，以及下級法院法官任命案行使冗長發言權利。然而，民主黨指出這項慣例不適用於最高法院法官。無論如何，戈薩其任命案最終得到通過。

政府稅收和撥款法案應在眾院審查完成後再提交參院，質言之，參院對於這類法案只有修正權。每位議員都可提出法案。然而，一項法案不能在同個會期當中提出兩次。未能通過的法案必須等到下個會期再行提出。多數法案在委員會審查階段便胎死腹中，提案議員通常對此不以為意，因為已經對選區選民有所交代。這突顯議員必須同時向國家，以及選區選民負責。

隨著行政部門地位日益重要，總統提出法案越來越多，同時有較佳通過機會。一般而言，總統先是責成部會起草法案，再與國會領袖進行協商。眾院議長（House Speaker）由全體議員選舉產生，因此必然是多數黨議員，他通常被視為華府第二號人物，權力之大僅次於總統。當院會審查法案時候，議長不僅可以率先發言，同時有權賦予或取消議員

發言權利。

　　參院情形大不相同，憲法規定由副總統主持議事，然而他只在可否同數時享有投票權。2017年，副總統彭斯（Mike Pence）在參院對教育部長狄佛絲（Betsy DeVos）行使同意權時動用這項權限。內閣人事需要勞動副總統打破可否同數僵局，是美國開國以來頭一次。副總統很少主持法案審查，而是將這項工作交給議長（president *pro tempore*）負責。議長是項榮譽職，由多數黨資深議員擔任，因為憲法保障參議員發言權利，議長權力相對受限。

　　議長負責將法案送交委員會審查，理論上國會內規已有詳細規定，不應產生爭議。1946年立法過程調整法案（Legislative Reorganization Act）規定法案必須送到適當委員會進行審查，實際上眾院議長仍然擁有裁量權。由於某些委員會對於特定法案具有敵意，因此議長選擇可能決定法案命運，倘若議員對議長裁定提出異議，須由院會進行表決。

　　在立法過程當中，委員會居於關鍵地位。以2011年為例，參院有16個常設委員會，眾院則有20個，小組委員會數目則是超過百個。除了常設委員會，國會還設立專門委員會（select committee）及兩院聯席委員會（Conference Committee）。委員會循例由多數黨議員擔任主席，成員從6位到50位不等，大體按照兩黨席次比例分配，多數黨在所有委員會占有人數優勢。通常每位眾議員可以選擇參加兩個委員會，參議員則可加入兩個主要委員會和一個次要委員會。

　　1910年以前，眾院議長能夠決定委員會名單和主席。嗣後委員會主席例由多數黨年資最長委員擔任，此即所謂資深制（seniority）。所

謂資深是採計當事人在相關委員會，而非國會年資。因此，假使議員決定換跑道，將損失在前個委員會累積年資。

晚近民主黨內部對於這項制度頗有意見，原因是若干委員會主席濫用職權。在這方面，史密斯（Howard Smith）是項著名案例。1950到1960年代，史密斯長期擔任程序委員會主席，由於對種族問題具有特定立場，每當民權法案送到該委員會，史密斯便會回到他在維吉尼亞州的農場。如此，委員會無法開會，法案也會遭到擱置。之後國會採取其他補救措施，例如即使主席請假，該委員會也可根據過半委員請求召開會議。

1971年，眾院民主黨黨團決定透過無記名投票推派委員會主席。四年後，3位民主黨籍委員會主席因此去職。1985年，眾院國防委員會主席也因此換人做做看。

1995年以後，民主共和兩黨為了加強黨紀約束，相繼針對資深制做出修正。首先，例外情形增加；其次，委員會主席受到任期限制。例如，2000年做為眾院多數黨的共和黨決議議員擔任委員會主席以三屆（6年）為限。與此同時，它以面談方式決定若干委員會主席人選。因此，湯瑪斯（Bill Thomas）得以擠下比他資深同僚，出任撥款委員會主席。

皮特森（Thomas Patterson）歸納出資深制的優點和缺點。以前者而言，同黨議員可以避免因為互不相讓而出現裂痕；其次，委員會主席能夠因此兼具經驗和專業知識；再者，資深制提供議員長期待在同個委員會的誘因。它的缺點是委員會主席或將不受議長和黨鞭等議場領袖約束。

委員會審查期間，聽證會（public hearings）一方面提供行政首長替政策辯護機會，另一方面則是遊說團體角力場所。假設行政部門能夠在這個階段動員輿論和委員會支持，法案通過機率便會增加。倘若不然，法案可能在委員會觸礁。雖然院會有權循由過半數議員同意令法案起死回生，但是這種情形很少發生。委員會和小組委員會有權提出修正或附加意見，交由院會決定。

委員會審查通過法案隨即由程序委員會（Rules Committee）排入議程，眾院程序委員會有權決定院會透過封閉或開放程序（open rule）討論法案。假設採取封閉程序（closed rule），議員不得在院會當中提出修正案。

晚近民主共和兩黨對於封閉程序採取的態度頗堪玩味。1994年期中改選以前，做為多數黨，民主黨多次運用這項程序阻止共和黨針對重大法案提出修正案。當時共和黨表示如果贏得改選，將不會使用此一伎倆。然而，最終共和黨並未信守承諾。參院程序委員會無權決定院會討論方式，一方面多數黨會和少數黨進行協商，另一方面參議員可以透過多數決採取任何審查程序。

多數時候，眾院由全院委員會（Committee of the Whole）針對排入議程法案進行討論。在這種情況下，全院委員會至少須有100位眾議員出席。討論包括提出修正案和確定法案最終文字，但是無權通過法案，通過與否是院會職權。院會需要半數以上，即218位眾議員出席。

參院審查程序與眾院略有出入。對於眾院已經通過的法案，參院得省略委員會審查程序逕自排入院會議程，此外，參院沒有全院委員會。

在院會當中，參議員不僅發言時間不受限制，甚至可以提出和法案無關的修正案。

假設參眾兩院對於同個法案通過不同文字內容，該法案不得就此成為法律。此時有兩種可能，如果兩院差異在於細微文字，後通過議院得請求另一院確認它所通過版本。只要先通過議院表示同意，法案內容就此定案。倘若兩院存在重大歧見，便須召開聯席委員會處理。聯席委員會由兩院負責審查的委員會委員組成。

國會對抗總統，憑藉的除了立法權以外，尚有調查權、撥款權、同意權和宣戰權，其中又以調查權最為重要。國會行使調查權，不僅能夠扭轉政府政策，甚至可以迫使官員下台。例如，1960年代末期參院外交委員會接連舉行聽證，促使政府認真思考如何及早脫離越南戰場。1973年，眾院司法委員會著手調查水門事件，次年尼克森辭去總統職位。

國會兩院共同擁有撥款權，不過眾院占較重分量。1962年眾院撥款委員會試圖藉此打消甘迺迪政府造橋政策。當時，甘迺迪主張透過經援改善和南斯拉夫與波蘭外交關係。美國國會撥款權非內閣制國家議會能及，最大差異是國會有權在行政部門建議以外增加支出。

美國國會撥款權力可以下列形式為之：第一，在政府建議之外追加經費；第二，拒絕編列相關預算。由於預期國會持反對態度，柯林頓政府將北約組織第一波東擴限定為波蘭、捷克和匈牙利三個國家。[7] 又例如，1955年到1965年間，因為眾院撥款委員會下外交事務執行小組委

---

[7]　Amos Perlmutter and Ted Galen Carpenter, "NATO's Expensive Trip East", Foreign Affairs, Vol. 77, No.1, January/February, 1998, pp. 2-4.

員會主席派斯曼（Otto Passman）反對從事對外經濟援助，相關預算被大幅刪減。

第三，中止正在進行的撥款作業；第四，增列附帶條件。在通過1978年援外預算同時，國會要求相關款項不得用於越南、高棉、寮國及古巴等國經濟重建；第五，國會有權監督預算運用情形，瞭解是否達成預定目標。

在內閣制和雙首長制國家，國會必須按照政府定出的輕重順序審查預算。與之相較，美國國會審查預算容易產生支離破碎弊端。因此，國會於1974年通過預算控制法案（Budget and Impounding Act），兩院各自成立預算委員會，根據政府歲入編列預算。然而，截至目前預算委員會功能仍屬有限，眾院撥款委員會地位不受動搖。

國會同意權由參院獨享，總統簽署國際條約和任命外交人事需要得到參院同意。揆諸實際，很少有總統在這方面遇到麻煩。例外情形包括一次世界戰後，威爾遜總統因為參院反對不克加入國際聯盟。1979年，卡特政府任命伍考克（Leonard Woodcock）為首任駐北京大使，引起與我國友好議員反對，最終卡特以強化美台安全關係換取伍考克任命案通過。

就宣戰權而言，由於國際政治情勢今非昔比，不宣而戰情形增加。美國軍事介入朝鮮和中南半島，從頭到尾不曾正式宣戰。儘管如此，參眾兩院仍在1973年成功反制尼克森否決，通過戰爭權力法案（War Powers Resolution）。是項法案規定，總統海外用兵必須在48小時內通知國會，除非得到國會同意，軍事行動不得超過60天。雖然尼克森行使

否決權，但國會仍舊以三分之二多數維持原議。

修憲程序

　　美國國會擁有修憲提案權，國會兩院須以三分之二多數提出修憲案，再交由各州批准。根據憲法第5條，三分之二以上的州也可以共同提出修憲案，然而這種情形從未出現。

　　一旦修憲案得到四分之三州同意便即生效。州的同意可以由州議會為之，也可以召開修憲代表會議。除了廢止禁酒令的第21條修正案之外，各州均由州議會負責相關工作，一旦州做出同意的意思表示就不能夠撤回。南北戰爭結束後，新澤西和俄亥俄兩州試圖撤回第14條修正案的同意表示，但是不被接受。

　　各州批准憲法修正案是否有期限問題？憲法第5條並未做出規範，問題是它或將造成法律的不確定狀態。1917年國會在提出第18條（禁酒令）修正案同時定出七年批准期限。從憲法修正案第19到22條，國會是將批准期限置入法案當中，各州批准憲法修正案大抵以七年為期，超過期限，憲法修正案視同打消。

　　1917年以前提出的憲法修正案不受七年期限拘束。第27條修正案最早是麥迪遜在1789年提出，並且得到6個州批准。是時，憲法修正案需要10個州同意。經過兩個世紀，它在1992年達到同意門檻。從憲法修正案第23到26條，國會是將批准期限放在要求各州批准公文當中，這種做法要比放在法案本文具有彈性，國會得視情況需要延長批准期限。

　　1972年國會通過平權修正案（Equal Rights Amendment），並且

定出七年批准期限。1978年，該案仍差3個州同意才能跨過四分之三門檻，國會因此決議將期限展延三年，但是仍舊沒有爭取到更多州同意。

小結

內閣制國會無權提案增加政府支出和減少國庫收入，這是內閣制主要優點。基本觀念是內閣既然握有國會多數，絕無不編足預算之理。倘若有追加必要，亦無須勞煩國會為之，預算編列和執行是否恰當，內閣應負全責。因此，內閣不敢多編，以免招致選民反感。

總統制下的預算概念則非如此，總統與國會各自在權限範圍內行使預算權，國會不必然同意總統觀點。國會有權增減預算，才能和總統討價還價。因此，餅越做越大通常是唯一選擇，導致美國政府累積可觀財政赤字。

委員會專業化並非內閣制國家常態，國會審查法案，議題辯論重於實質審查。除非在野黨倒閣，否則法案終須按照內閣版本通過，因此，西歐國家國會幕僚人員極為精簡。相較之下，美國國會號稱員額增加速度最快的政府機構，參眾兩院委員會各自有其幕僚人員，以總額計算，參院約有1000名，眾院則有1300名。參眾議員每人平均約有20位以上助理。可欲與否，是個值得思考的問題。

第(六)章　司法審查

　　晚近司法審查扮演的角色日漸重要。學者泰特（Neal Tate）賦予司法審查的定義是，「法院有權決定法案或政府作為合憲與否。」[1]包括英國在內，多數國家依據法治國（state of law）及分權理念，授權司法部門決定政府作為合法性。

　　司法審查重要性提高得力於兩項因素：第一，行政和立法部門衝突增加，雙方都試圖訴諸司法審查得到對自己有利結果。對於這類案件，司法審查機構通常避之唯恐不及；第二，隨著社會生活複雜化，個人基本權利經常受到政府威脅，訴諸司法審查保障人權的案例快速增加。在這方面，相關機構往往展現較高司法主動（judicial activism），積極處理。

　　例如，2004年英國貴族院在「路人甲對內政部長」（A v. Home Secretary）一案當中判決，無限期留置外籍嫌犯牴觸人權法案，以及歐洲人權公約。又例如，法國原本預定在2010年元旦開始課徵碳稅，遭到憲法委員會駁回。後者所持理由是相關法案列舉太多豁免情況。一方面，它無法達成減緩地球暖化目標；另一方面，它會造成稅負不公。

---

[1] 見 Donald Jackson and Neal Tate eds., *Comparative Judicial Review and Public Policy*, (West Port, CT: Greenwood Press), 1992. p. 4.

為了維護裁判結果公信力，司法審查必須滿足兩項條件。首先，司法審查機構必須獨立行使職權；其次，在內閣制和雙首長制國家，連署門檻不可剝奪在野黨提請釋憲權利，理由是執政黨通常不會將自己通過的法案交付司法審查。例如，法國僅須60位議員連署即可提請釋憲。德國釋憲門檻較高，需要三分之一眾議員連署。

司法審查分成美國模式和歐陸模式。英國和美國是由一般法院負責司法審查工作；法國和德國則是在法院以外成立專門機構負責相關工作。此外，他們賦予司法審查機構其他功能，包括審查公權力機構組織法的合憲性，裁決選舉爭議，以及宣布某些政黨為非法組織。

第一節　內閣制下的司法審查

在英國，司法審查重要性長期受到忽視，原因是國會主權概念深入人心，貴族院議員組成的上訴委員會（Appellate Committee）無法抗衡。然而，葛夫爵士（Lord Goff）指出，司法部門會對政治走向造成影響：「普通法是具有生命的法律，能夠回應新的事件和新的理念，提供人民合乎時宜的公道體系」。[2]

越來越多學者注意到英國也有司法審查實踐，避免行政部門權力過分膨脹。除了涉及歐洲人權公約事項，最高法院無法挑戰國會立法（也稱為原始立法，primary legislation），而是針對授權立法（secondary

---

[2] 見 Keith Ewing, "Judiciary", in Matthew Flinders et al eds, *The Oxford Handbook of British Politics*, (Oxford: Oxford University Press), 2009, pp. 262-263.

legislation）進行審查。相關問題包括超出授權範圍，以及立法瑕疵。

1901年鐵道公司（Taff Vale Railway Co）和工會間的訴訟經常被人提及。是時，上訴委員會推翻慣例，判決鐵道公司有權因為罷工損失向工會求償，這項不受歡迎的判決導致工黨崛起。2005年，英國通過憲政改革法案（Constitutional Reform Act，簡稱憲改法案），以最高法院取代上訴委員會，掌璽大臣（Lord Chancellor）不再兼任貴族院議長，也不是最高法院法官。

憲改法案試圖調和法治國與國會主權概念，擴大法治國原則適用範圍，國會立法不得侵害基本人權。1999年通過的人權法案（Human Rights Act）至關重要。法院依法限制政府權力，保護人民不因為濫權受到傷害。儘管國會擁有立法權，仍舊不得拒絕接受司法審查。質言之，法院得拒絕適用不符合法治國原則的法律。例如，福利國家原則不時受到挑戰，若干實踐被視為非法加重人民稅負。

面對進步立法，法院未必願意和多數民意對抗。2004年獵狐法案是項案例。雖然獵狐團體主張是項法案侵害財產權，但是並未得到上訴委員會認同。若干法官指出，如果當事人能夠在法院推翻國會多數決定，民主政治將難以為繼。此外，工會罷工始終對英國造成困擾，其他國家多半透過立法賦予工會罷工權利，英國則是由政府依照慣例保護工會不因罷工行動受到追訴。1970年代，上訴委員會嘗試限縮工會罷工權利，不敵國會多數堅持。

類似情形出現在2004年「路人甲對內政部長」訟案當中。2001年，10名外籍人士因為涉嫌從事恐怖活動遭到無限期羈押。三年之後，

貴族院判決內政部處置違反人權法案。然而，行政部門並未因此釋放嫌犯，而是在2005年交付國會通過新的反恐法案（Terrorism Act），授權警政單位羈押可疑人士，貴族院因此招致越幫越忙的批評。

2008年，英國首度按照新的程序任命最高法院法官，新的法官必須具備專業素養。任命過程由常設性質的司法任命委員會（Judicial Appointment Commission）主導，並且必須顧及法官來源的多元性和代表性。法官的消極資格是兩年高等法院法官資歷，或是擔任過15年職業律師。除了12位常任法官，院長得聘任資深法官擔任臨時法官（acting judge），共同審理案件。

最高法院由奇數位法官組成合議庭，多數時候是五位法官負責審理。2019年，院長何熙怡（Lord Hale）等11位法官判決強生首相的國會休會決定「不合法」（unlawful）。她指出這得力於英國二戰以後就將黨派色彩排除在法官任命考量之外。此外，英國最高法院的制衡強度和任命方式不同於美國。

德國憲法法院

二次戰後，德國在卡爾斯魯（Karlsruhe）設立聯邦憲法法院（簡稱憲法法院），目的在於保障人權。憲法法院分為兩個法庭（Senate），每個法庭由8位法官組成。憲法法院法官必須年滿四十歲，同時具備法學素養。這意謂憲法法院法官未必是法官出身，但至少擁有法律相關科系學位。無論如何，法官仍是憲法法官主要來源，其他法官多半出身常任文官、大學教授和執業律師。

　　憲法法院法官任期十二年，不得連任，年滿68歲的法官必須退休。依照慣例，法務部長握有符合資格者的參考名單，人選多由內閣閣員、各邦行政長官及國會黨團推薦產生。每當法官出缺，聯邦院和眾院便輪流從名單中挑出遞補人選。在聯邦院，獲任命者必須得到三分之二同意。在眾院，當事人必須得到12人委員會當中八票贊成。

　　憲法法院第一庭負責處理違反公民自由和憲法權利相關問題。第二庭則負責其他案件，例如邦與邦，以及邦和聯邦法律爭端。1983年2月，憲法法院判決柯爾請求解散國會的程序合乎憲法規範。通常第一庭工作負荷較重。無論如何，憲法法院的判例涵蓋各個生活層面。其中包括社福政策、墮胎議題、歐盟整合、各邦財源的平均分配、海外駐軍、庇護標準，以及公費補助政黨等等。

　　憲法法院對於下述事項享有管轄權。第一，根據基本法第21條，內閣或眾院得提請憲法法院認定某個政黨意圖破壞憲政，禁止該黨從事政治活動。多年來，德國據此封殺新納粹和共黨生存空間；第二，憲法法院管轄權含括實際案件和抽象原則。憲法修正案，以及國會通過法律必須符合基本法第79條規定，也就是所謂「不動條款」（eternity clause）。

　　憲法法院有權受理涉及聯邦法律合憲與否的訴訟案件。在這方面，兩點值得注意。第一，訴訟案件必須經過初審法院審理。根據基本法第93條，當事人必須先用盡司法救濟途徑方可將案件提交憲法法院。此外，根據基本法第100條，各級法院有權將審理中的案件和適用法律提請釋憲；第二，憲法法院成立委員會，過濾沒有審理必要案件。

其次，即使沒有實際案件，憲法法院仍然可以針對抽象問題做成裁定。質言之，在法律公布生效和實際爭端產生以前，權責機關均可提請憲法法院做成解釋。這裡的權責單位包括聯邦政府、邦政府和三分之一聯邦眾院議員。聯邦院議員是邦政府代表，既然邦政府有權提請釋憲，聯邦院便沒有被賦予相同權利必要。如同法國，在野黨固定將它反對的重大法案送請憲法法院解釋。

在憲法法院受理案件當中，90%是當事人指稱自己合憲權利受到侵害，他們無須負擔法庭訴訟費用，也不必聘請律師。在這方面，憲法法院角色類似我國監察院。1975年，憲法法院裁定將墮胎除罪化的法案違憲。

第二節　雙首長制下的司法審查

雖然法國在1946年已經有名為憲法會議（*Comité constitutionnel*）的機構，但第五共和憲法委員會（*Conseil constitutionnel*）是項制度創新。前者的主要工作是防止國會循由修改法律途徑修改憲法。因此，第四共和只有一次勞煩憲法會議經驗。相對地，憲法委員會原本是要防止國會逾越立法範圍，侵犯行政部門以命令做成規範的權限。

憲法委員會的角色包括審查法律合憲性和確保選務公正。就前者而言，設立憲法委員會是合理化內閣制重要環節。基於這項考量，1959年戴高樂任命左右手諾艾爾（Léon Noël）出任首屆主席。同時得到委員任命的包括先前擔任他辦公室主任的龐畢度。

不同於美國最高法院，憲法委員會不屬於司法部門，而是行政部門一環。它和最高行政法院（*Conseil d'Etat*），以及破毀法院都沒有隸屬關係。不過，除了辦公處所接近，憲法委員會幕僚人員幾乎都由最高行政法院轉任。

在制衡國會權力方面，憲法委員會具備兩項功能。首先，國會有權通過公權力機構組織法（organic laws），但必須交由憲法委員會確認合憲性。其次，只要得到憲法委員會認可，總統或總理得不經國會同意發布行政法規（*règlements autonomes*）。

早期憲法委員會功能有限，戴高樂任命諾艾爾出任主席，顯示他將憲法委員會當做提供諫言的顧問。1965年，接任主席的帕留斯基（Gaston Palewski）也是戴高樂1940年以來的親信。1986年，密特朗考慮到社會黨可能在國會改選中受挫，因此任命法務部長巴丹特（Robert Badinter）出任憲法委員會主席。不過，嗣後巴丹特做出裁定未必都對社會黨有利，憲法委員會公正性逐漸受到肯定。

有權提請釋憲的公權力機構偏少，包括總統、總理，以及參院和國民議會議長。多數時候，它是應總理所請確認國會通過的法律案和修正案是否超過立法範圍。憲法委員會審查法律合憲性只能參照憲法本文，憲法前言被排除在外。在第五共和前十年當中，憲法委員會審理案件不多，1970以後情況開始轉變。

1971年內閣提出法案，授權警政單位解散具有顛覆性質的人民團體。該法案得到國民議會通過，但在參院受阻，參院議長波埃將它提請憲法委員會解釋。後者援引1789年人權宣言裁定是項法案違憲，論者以

為這項判決的重要性不亞於美國1803年「馬布瑞對麥迪遜」案例，巴丹特則說它象徵憲法委員會的重生。

1974年，法國針對憲法第61條進行修正，自此只要有60位國民議會或參院議員連署便可提出釋憲案。此外，憲法委員會開始根據憲法前言，也就是1789年到1946年憲政傳統保障人民基本權利，憲法委員會地位逐步提高。

憲法第56條規定，憲法委員會有兩類委員。首先，卸任總統是當然委員，任期終身。截至目前，兩位第四共和時代總統因此取得委員資格。其中柯堤（René Coty）不曾參加開會。1960年以前，奧瑞爾（Vincent Auriol）固定出席會議。在第五共和卸任總統方面，從季斯卡到沙克吉都曾執行憲法委員職務。歐蘭德則是選擇放棄，他依法能夠隨時改變心意。

2004年，季斯卡開始履行憲法委員義務。次年，他和另一位憲法委員薇伊爾（Simone Veil）公開鼓吹通過歐洲憲法，被批評違反中立。2013年，憲法委員會裁定沙克吉在前一年總統選舉當中的競選開支超過法定上限，因而不得享有公費補助。沙克吉宣布辭去憲法委員職務。

除了卸任總統，9名委員由總統、參院和國民議會議長各任命三分之一。這類委員任期九年，每三年更動三分之一且不得連任。2014年，憲法委員巴羅（Jacques Barrot）去世，國民議會議長巴特隆（Claude Bartolone）任命前社會黨總理喬斯潘接續剩餘五年任期。

在法國，憲法委員資格和任命方式都曾引起爭議。以資格而言，

法學素養並非出任憲法委員必要條件。1958年到1988年間法國出現41位憲法委員，其中59%由國會議員或部會首長轉任。[3]憲法委員當中不乏素負盛名的學者，季斯卡任命的維岱爾（Georges Vedel）經常被人提及。出身學界的委員越來越少是項趨勢。

晚近，總統任命憲法委員多會顧及政黨平衡和功能性考量。例如，2001年席哈克任命社會黨籍喬克斯（Pierre Joxe）出任委員，沙克吉則是任命熟諳歐盟事務的巴羅出任委員。

總統任命憲法委員會主席，但是因為他無權黜退現任主席，所以任期不滿九年的總統未必有機會行使這項權力。沙克吉之前，季斯卡是唯一案例。毫無例外，總統指定自己任命的委員出任主席。例如，1998年席哈克任命馬佐德（Pierre Mazeaud）出任委員，繼而在2004年任命他為主席。主席缺位，由最資深的委員擔任代理主席。

憲法委員會主席通常是總統政治夥伴，才能得到這項酬庸，多數主席由部會首長轉任。涉及我國拉法葉軍艦採購弊案的憲法委員會主席杜馬（Roland Duma）是在1995年得到密特朗任命。1999年杜馬因為涉及億而富石油公司弊案辭去主席，並且停止行使委員職權。次年，他辭去委員。

憲法委員會主席權力不容忽視，可否同數時由主席做成裁決。憲法委員對於會議討論和表決情形有保守秘密義務，卸任後也不例外。他們不得兼任政府官員、國會議員及經濟社會委員會委員，亦不得擔任政黨

3　Alec Stone, "Abstract Constitutional Review and Policy Making in Western Europe", in Jackson and Tate, op.cit., p. 47.

黨魁與幹部。1995年，委員會組織法進一步規定委員不得擔任任何民選公職。不過，憲法委員可以先請假，再成為公職候選人。一旦當事人獲得勝選便須辭去委員職務。1984年，季斯卡當選國民議會議員，憲法委員身分視同請假。

當總統和國民議會屬於同個政黨傾向，彼等任命的憲法委員可望占到多數。如此，憲法委員會解釋理應有利於總統和國會多數，不利於在野黨。倘若釋憲結果和國會決議分毫不差，憲法委員會便失去存在必要。揆諸實際，第五共和憲法委員多能依法論事，獨立行使職權。

儘管如此，憲法委員會公正性持續受到質疑。1981年以前，在野的左派政黨肯定憲法委員會功能。相對地，右派政黨不時批評它寡頭且不負責任。1981年左派執政之後，情形出現轉變。右派居多數的參院開始求助於憲法委員會。

1981年底，社會黨政府著手推動企業國有化政策。經過參院提請解釋，憲法委員會發揮煞車器功能，它裁定政府給予民間投資人補償偏低，等於以違憲手段沒收人民財產，莫華政府被迫修改相關法案，並且因此延遲國有化時程，這回輪到左派政黨抱怨憲法委員會作為不符民主常軌。

如同美國最高法院法官，憲法委員個人政治傾向足以影響政局。2001年，參院任命史娜普（Dominique Schnapper）為憲法委員，由於她在民族主義問題上立場鮮明，咸認可能對柯西嘉島自治產生影響。先前憲法委員會兩度對此做出重要解釋。1982年，該島受惠於社會黨政府地方分權（decentralization）政策得到部分自治權限，雖然右派政黨提

請釋憲，憲法委員會基本上認可這項決定。1990年，左派政府試圖賦予柯西嘉島更大程度自治，然而，憲法委員會根據「單一且不可分國家」規範裁定違憲。

除了解釋憲法之外，憲法委員會也負責選務監督工作。就後者而言，憲法委員會審查總統候選人是否達到連署門檻，從而確定選舉名單。其次，總統候選人競選活動是否符合規定亦由憲法委員會認定。倘使違規情節重大，憲法委員會得取消當事人當選資格。

1981年，憲法委員會擴大解釋自身職權，負責裁定參議員和國民議會議員是否遵守選舉辦法。當事人是否符合參選資格，有沒有兼任選舉辦法排除的職務都是取決於憲法委員會。1995年以後，訴訟當事人有在憲法委員會進行言詞辯論的可能性。

憲法委員會得受理政治獻金委員會（Commission nationale des comptes de campagne et des financements politiques，簡稱獻金委員會）提交案件。箇中情節包括候選人未在法定期限以內遞交申報書、獻金委員會認為當事人的申報書不符規定，以及競選經費超過法定上限。

針對相關訴訟，憲法委員會得重新審視，如果情節輕微，當事人將受到停職一年處分；如果情節重大，當事人或將喪失當選資格。在這方面，歐盟整合替憲法委員會行使職權帶來挑戰。憲法委員會審理不對外公開，被視為違反歐洲人權公約第6條規定，當事人有可能向歐洲人權法院尋求救濟。

1975年到2002年間，憲法委員會受理的選舉訴訟超過1,000件。

1993年，歷任要職的社會黨領袖藍格（Jacques Lang）因為競選經費超過上限被取消國會議員當選資格。2018年，憲法委員會以票數接近為由，撤銷兩位國民議會議員當選資格。

在釋憲權方面，總理得依據憲法第37條請求憲法委員會裁定國會討論法案超出憲法規定範圍。倘若憲法委員會認可內閣請求，內閣即可透過行政命令修改國會越權通過的法案內容。然而這種做法容易引起內閣、國會和憲法委員會間緊張關係，自1970年戴高樂退出政壇後甚少為內閣援引。此外，立法程序對內閣有利，因此總理提請憲法委員會釋憲案例甚為罕見。

儘管如此，部分出自避免引發政治爭議考量，政府不時將法案或條約提請憲法委員會解釋。1992年馬斯垂克條約是項明顯例證，經過審查，憲法委員會裁定該約部分條文牴觸憲法，因此，密特朗啟動修憲程序，修改憲法第88條規定。

國會議員也可提請憲法委員會裁定法案違憲，被宣布違憲的法律條文既不產生效力，亦不得執行。1974年以後，60位國民議會或參院議員連署便可提請憲法委員會釋憲，賦予在野黨制衡內閣濫權工具。自此，國會通過包含預算案在內重要法案幾乎都會送請憲法委員會解釋。儘管有學者認為憲法委員會因此取得準立法權，實則它只能就法律內容是否合憲進行審查。

提請釋憲時機有兩點值得注意。首先，法案必須確定由國會通過，完成立法程序。若否，憲法委員會應駁回釋憲聲請。其次，釋憲聲請須於總統公布施行前為之。一旦相關部門提請釋憲，總統公告時程應往後

展延。相對地，假設無人於法律公布前提請，嗣後便無釋憲可能。如果反對黨對法案缺乏瞭解，或是怠忽職守，或將造成無法彌補的結果。基於前項原則，1958年以前制定的現行法律不得做為釋憲標的。

除了政府組織法和國會兩院內規之外，憲法委員會無權主動進行司法審查。在受理釋憲案以後，憲法委員會應於一個月內做成解釋。這被視為司法自限（judicial self-restraint）的一部分。2014年，國民議會通過法案，限縮議員及參議員兼任公職的可能性。2017年以後，議員不得兼任地方政府首長。2019年以後，議員不得兼任歐洲議會議員。在野黨隨即將法案送請憲法委員會解釋。2014年2月，憲法委員會認可該法案的合憲性。

假設政府表示法案有急迫性，憲法委員會應於八日內做成裁決。可想而知，相關法案通常並不單純，因此增加憲法委員處理壓力。2008年，國會通過修憲案，賦予人民提請釋憲權利。當事人必須是訟案一造，並且用盡國務院或破毀法院救濟途徑，才可以對本案適用法條提請釋憲。對於個人提出的釋憲案，憲法委員會應於三個月內做成解釋。2010年，它首次對於現行法律做出解釋。

針對提交釋憲的法案，憲法委員會會先指定委員做為報告人，當事人可以求助於國會委員會報告人，行政部門也可以就疑點進行辯護。雖然憲法委員會沒有義務接受報告人結論，報告的重要性仍舊不容低估。晚近，憲法委員會不時邀請提交釋憲案的議員進行說明，表決需要7名委員出席，可否同數由主席做成裁決。總統缺位議題須由過半委員認定。

　　1962年，戴高樂將總統直接民選修憲條文交付公民複決，程序並不符合憲法規定。參院議長蒙奈維爾提請憲法委員會解釋，後者裁定此舉違反憲法第89條規定，但戴高樂置之不理。隨著戴高樂在公投和國會解散改選當中占得上風，憲法委員會表示它的權限僅及於審查國會通過法案，「無權就法國人民直接意志表達提出看法。」對此，蒙奈維爾批評憲法委員會的判決是「政治自殺」。[4]

　　截至目前，保障基本人權是憲法委員會最大成就。1977年，巴爾政府提出法案，允許警察在沒有取得搜索令的情況下搜索路邊停放可疑車輛。憲法委員會裁定是項法案違憲，理由是憲法第66條保障人民不得被無故羈押。1994年，國會根據憲法委員會裁定修改刑法，行政命令不得對當事人處以拘禁等剝奪自由的刑罰，相關處分必須由國會立法通過。

　　較諸美國聯邦最高法院，憲法委員會不同處在於：第一，憲法委員會並非終審法院。法國終審法院為破毀法院（Cour de cassation）；第二，憲法委員會通常僅就抽象法理原則，並在法律公告施行之前做成解釋。美國聯邦最高法院解釋結果往往因為個案差異有所不同。

第三節　總統制下的司法審查

　　司法審查在美國三權分立制度架構下顯得格外重要。1907年，聯邦最高法院（簡稱最高法院）院長休斯（Charles Hughes）表示，「吾人

4　見 Pierre Avril et Jean Gicquel, *Le Conseil constitutionnel*, (Paris: Montchrestien), 2005, pp. 31-33.

生活在憲法規範之下。但何謂憲法？憲法是（本院）法官說了算數。」以聯邦政府權力擴張為例，1819年最高法院在「麥克洛對馬里蘭州」（MacCulloch v. Maryland）案件判決當中確認「隱含權力」（implicit power）原則。自此，國會可以根據憲法第1條第8款通過執行公權力所需的各項法案。

在美國，司法審查由最高法院負責。該法院有九位法官，並且由其中一人擔任院長（Chief Justice）。年來最高法院做出若干重要的釋憲判決，例如，2010年它裁定2002年通過的「競選活動改革法案」違憲不得適用。在理由書當中，最高法院判決禁止企業和工會購買有利於特定候選人的廣告侵犯到當事人言論自由。又例如，2012年小布希時代任命的院長羅伯茲（John Roberts）同意四位民主黨籍同僚見解，最高法院因而以5票對4票判決歐巴馬政府的健保改革法案合憲。

最高法院法官由總統任命，並須得到參院同意。法官任期終身（during good behavior），著眼點在於保障法官獨立行使職權。當事人得在年滿七十歲後請求卸職，卸任法官可以得到先前替他量身訂做座椅做為退休禮物。2009年，蘇特（David Souter）申請退休，歐巴馬決定提名拉丁裔女性索托梅爾（Sonia Sotomayor）出任法官。

總統通常任命政治見解相近人士出任最高法院法官。由於法官任期終身，總統可望藉此延續影響力。1939年羅斯福任命道格拉斯（William Douglas）出任最高法院法官，6年後羅斯福逝世，然而1945年到1975年間，道格拉斯始終堅持自由派信念，並且發揮重大影響。

儘管如此，總統政策未必得到最高法院支持。首先，即使總統任命

的法官也可能和他唱反調。例如，艾森豪任命華倫（Earl Warren）和布藍能（William Brennan）出任法官。結果他們政治傾向不如艾森豪預期保守。稍後艾森豪被問道在總統任內是否犯過什麼錯誤，他回答說「有的，有兩項錯誤。目前他們都在最高法院服務。」

其次，總統或須面對前幾任政府留下，同時政治立場和他相左的法官。1933年，羅斯福敦促國會通過工業復甦法案（Recovery Act），增加就業機會。1935年，最高法院在「謝克特對美國政府」案（Schechter v. United States）中以5比4多數裁定這項法案違憲，理由是它侵犯各州政府保留權限。

由於新政屢屢在最高法院受挫，1937年羅斯福提出改革方案。他促請國會通過法案，規定每當有法官年屆七十歲，總統得追加任命一位法官。果真如此，最高法院法官將超過9名。國會不贊同這項方案，正當雙方相持不下，法官羅伯斯（Owen Roberts）改變反對新政立場，增加法官的提案這才做罷。論者形容是「一位法官即時轉變拯救九個人命運」。

近年來，最高法院法官的任命出現兩項趨勢。第一，黨同伐異不再是參院行使同意權的主要考量，取而代之的是專業素養和私德操守。要否決總統任命人選，參院必須提出佐證。1987年，伯爾克（Robert Bork）因為保守立場遭到否決是罕見例外。

2016年，情形再次出現變化。是年2月，最高法院法官史卡里亞（Antonin Scalia）去世。歐巴馬任命賈蘭德（Merrick Garland）出任法官。假設這項任命案得到參院通過。自由派將是自1970年以後首次控制

最高法院多數席位。因此，擁有參院多數的共和黨拒絕舉行聽證，讓賈蘭德任命案無疾而終。2017年，川普任命戈薩其（Neil Gorsuch）出任最高法院法官。

第二，不同於以往，法官幾乎全數來自聯邦高等法院。先前民選公職，特別是參議員經常被任命為最高法院法官。塔虎脫（William Taft）則是唯一曾經擔任過總統的最高法院院長。

最高法院釋憲權涉及聯邦和各州司法管轄權的區劃。一般而言，最高法院可以在兩種情況下行使司法審查權。第一，訟案涉及聯邦法律是否違憲問題。此處聯邦法律包括憲法、法律、行政命令，以及聯邦政府對外簽署國際條約；第二，訴訟當事人為聯邦政府、州政府或自然人。涉及前兩者的訴訟案件，最高法院是初審法院。

訴訟案件受理與否，最高法院擁有完整裁量權。不過，他只能受理在下級法院敗訴一方提出請求。9位法官當中，只須4位法官同意便可發給受理狀（writ of *certiorari*）。據估計，每年約有7000位訴訟當事人請求發給受理狀。其中有200到300件得到受理。在這當中，大約100件得到最高法院聽訟程序和書面判決。另外100到200件訟案只能得到簡易判決（*per curiam decision*）。

最高法院聽訟程序不同於一般法院。訴訟雙方辯護律師口頭陳詞有嚴格時間限制，通常訴訟一方只有30分鐘進行說明，之前他們須將書面訟狀呈交最高法院。在2000年總統選舉訴訟當中，最高法院打破兩項慣例。首先，它允許電視媒體轉播訴訟兩造陳詞內容；其次，它將陳詞時間由一小時增加為兩小時。

　　最高法院採取合議制，只有9位法官能夠參與討論和表決。這兩項程序不對外公開，目的是保障法官暢所欲言。會議由院長主持，通常他會率先發言，接著其他法官依照年資久暫陸續提出看法。因此，院長和資深法官往往能夠影響最終結果。最高法院依多數決確定判決主文，不同意見法官的法律見解也會一併公布。

　　最高法院擁有的司法審查權並非憲法明文規定，而是源自1803年「馬布瑞對麥迪遜」（Marbury v. Madison）乙案判例。1800年總統選舉，現任總統亞當斯（John Adams）負於哲斐遜。他在卸任前任命馬布瑞（William Marbury）等人為聯邦法官。馬布瑞獲得任命，原因是他和亞當斯同屬聯邦派人士。

　　儘管在總統選舉中負於州權派，聯邦派仍然握有國會多數，鞏固聯邦派在司法部門實力是相關任命的主要考量。國會通過設立59位聯邦初審法院法官，其中42位是可倫比亞特區治安法官。因此，馬布瑞等人任命案順利得到參院同意。質言之，儘管亞當斯任命「午夜法官」（midnight judges）作為引發政治和道德爭議，卻沒有法律程序瑕疵。

　　由於時間倉促，卸任國務卿未及將馬布瑞等四名治安法官派令送達當事人。新政府國務卿麥迪遜（James Madison）拒絕發給派令，因此馬布瑞訴請最高法院裁決。

　　當時最高法院院長是馬歇爾（John Marshall），雖然他與聯邦派交好，但是並不願意和新政府公然反目。更何況，即使最高法院判決馬布瑞勝訴，麥迪遜仍有可能拒絕發給派令。果真如此，最高法院威信將受到嚴重打擊。問題是馬布瑞任命過程合法，如果判決馬布瑞敗訴，哲斐

遜政府可能趁機奪取原本屬於最高法院的司法權限。

　　經過深思，馬歇爾做出兩點折衷判決：第一，基於分權原則，最高法院無權過問政府如何推動施政。然而，它有權裁定行政部門作為或不作為的適法性。在本案當中，馬布瑞任命程序合法，聯邦政府應當給予派令。第二，聯邦政府應當給予馬布瑞派令，問題是誰有權強制它這麼做？為了避免和哲斐遜政府衝突，馬歇爾裁定最高法院在本案當中無權強制行政部門作為，因此最高法院無權應馬布瑞所請交付麥迪遜執行命令（writ of *mandamus*）。

　　1789年，國會通過司法組織法（Judiciary Act），第13條賦予最高法院在本案當中的作為權力，然而相關條文因為違憲不得適用。馬歇爾指出，該條文不當擴大憲法賦予最高法院的原始管轄權。除非修憲，否則國會立法無權改變最高法院管轄權。

　　馬歇爾判決明智處在於他一方面確立最高法院司法審查權限，另一方面沒有給行政和立法部門打回票機會，最高法院因而樹立做為終審法院的權威。也因此，今天最高法院建築物內部處處可見馬歇爾的雕像和畫像。

　　南北戰爭爆發之前，最高法院很少行使司法審查權限。從南北戰爭到二次大戰結束，它逐漸建立一個「由法官主導的政府」（government of judges）。這段期間，最高法院態度既積極又保守，主要著眼於減少第14和15條憲法修正案對於南方各州造成傷害。

　　二戰結束後，最高法院的基本立場再度發生變化。除了致力消除種

族歧視和伸張民權之外，它大抵支持扶持弱勢（affirmative action）的法律。在保障媒體言論自由方面，1962年最高法院在「紐約時報對蘇利文」訟案當中做成對公眾人物不利判決。自此，政治人物要告贏平面媒體，必須滿足兩項前提：第一，當事人必須證明平面媒體沒有盡到查證責任；第二，他必須證明被告具有「真實惡意」，由於很難證明惡意存在，政治人物幾乎沒有透過訴訟討回公道可能。

最高法院行使司法審查權僅能就實際訟案進行解釋，裁定法律因為違憲而不得適用。在宣告法律牴觸憲法同時，憲法條文得到解釋。最高法院無權在實際訟案發生前行使釋憲權有個風險，就是可能造成相當時日法律的不確定性。除了2000年總統選舉訴訟之外，類似案例包括「隔離但平等」（separate but equal）原則的適用問題。

1896年，最高法院針對「布列西對佛格森」（Plessy v. Ferguson）乙案判決黑白分校並不違憲。然而，它在1954年「布朗對教育局」（Brown v. Board of Education）乙案當中打消這項原則繼續適用的可能性。基本上，眾人只能從法官政治傾向推知判決結果。

在2000年總統選舉訴訟當中，爭議重點在於佛羅里達州（簡稱佛州）計票問題。部分出自設計瑕疵，若干選票被讀取機視為無效票。倘若改採人工計票，這些選票可能成為有效票。佛州最高法院裁決全州進行人工計票。然而，聯邦最高法院以5比4多數做出不同判決，它緊急命令佛州停止人工計票。在判決書中，最高法院裁定人工計票違反憲法平等保護（equal protection）條款。

質言之，佛州最高法院認為政府有義務找出選民真實投票意向。相

對地，聯邦最高法院指出這項標準給予佛州各郡官員過多自由裁量權，侵犯公民受到平等保護權利。在它看來，保障選民投票得到公平（讀取機）計算才是首要考量。在不同意見書當中，史帝文斯（John Paul Stevens）支持佛州最高法院見解。

　　除了最高法院，各級聯邦法院不時就法律合憲性做成判決。目前，美國有94個聯邦地方法院（district court），13個巡迴上訴法院（circuit court of appeal）。2002年，位在加州的聯邦地方法院判決效忠誓辭中「上帝治下的國家」（a nation under God）這段話違反憲法修正案明文規範的反國教條款（establishment clause）。由於前一年剛剛發生九一一事件，相關判決引發軒然大波。2017，川普下達移民禁令，也被各級法院宣告違憲而不得適用。

小結

　　司法審查在政治過程當中扮演重要角色已是事實，但也引發一項重大爭議。法官和憲法委員都沒有民意基礎，如何能夠否決行政或立法部門決定，甚至獨立做成重大決定？以前述2000年美國總統選舉為例，民主黨傾向學者大多認為是最高法院，而非選民選舉小布希出任總統。而在英國「路人甲對內政部長」案例當中，即使貴族院做成判決，內政部仍舊拒絕釋放嫌犯。

　　觀乎西方各國經驗，司法自制是司法審查基礎，受到兩項限制。首先，司法審查必須避免明白牴觸成文法、判例以及憲法條文規定。在法國，憲法委員會不得對修憲案，以及公投通過的法律做出解釋。其次，司法審查應該以保障公民權利為度。除非國會多數通過法案有侵犯個人

權利之虞，否則釋憲機關仍應予以尊重。以美國為例，即使時間有所延遲，釋憲機關終將融入主流民意。

第七章　政黨

　　隨著民主政治深化與廣化，政黨角色不容忽視。政黨具備三個層次意義：第一，政黨是分別選民認同的政治品牌。例如，東歐各國在民主化以後主要以社會主義、自由主義和民族主義做為政黨品牌區隔。

　　現代政黨特點在於試圖打亮招牌，不只是促進少數領袖利益。如此，政黨往往比領袖更能永續經營。例如，法國共和黨（LR）以戴高樂派（Gaullists）自居。在戴高樂去世25年以後，它仍然能夠接連贏得三次總統選舉。率爾將任何具備現代性的政黨視為「一人政黨」並不恰當。

　　第二，做為政治組織，政黨提名候選人參與選舉。這不僅是政黨和利益團體（interest group）間的主要差異，政黨也因此負起政治甄選（political recruitment）功能，稱政黨為選舉機器並不為過。政黨既以勝選為首要考量，如何推舉最具勝算的候選人厥為主要課題。候選人應否經由初選（primary）產生以及如何落實。黨內民主（internal democracy）在許多國家引發討論。

　　第三，政黨是政黨領袖代稱。隨著媒體時代來臨，領袖魅力（charisma）往往能夠決定政黨上升或下沉，在所謂幹部型政黨（cadre party），領袖權力甚為可觀。無論執政在野，政黨權力朝向個人集中是項趨勢。

　　除了單一政黨，政黨同盟是種組織形態。例如，2012年波魯（Jean-Louis Borloo）在法國成立「民主和無黨籍同盟」（UDI，簡稱民主同盟），該黨納入激進黨（PR）和新中間（NC）等政黨。個別政黨仍然保有自己的黨主席。支持者入黨有兩項途徑，他們可以直接加入民主同盟，也可以選擇投入加盟政黨。

　　政黨生態往往對於憲政運作產生影響。在這方面，兩點值得注意。首先是政黨理念和它在政治光譜當中的定位。例如，美國政黨以保守和自由做為市場區隔，歐陸國家多為左右對抗局面。其次是主要政黨數目，此即兩黨和多黨制國家主要差異。即使在兩黨制國家，中小型政黨時能扮演重要角色。

　　在多黨制國家，政黨結盟（alliance）事屬平常，重點包括選舉合作和選後組成聯合政府。2017年，馬克宏領導的前進黨（LRM）取得國會多數，和民主運動黨（MoDem）間的合作是重要關鍵。經驗顯示，要在多黨制國家贏得勝選，整合能力不可或缺。

　　1990年以前，多數國家將政黨視為社團法人，沒有課以特殊義務。晚近政黨的法律地位開始改變，其中以獻金透明化等議題最受關注。是年，法國成立選舉收支和政治獻金委員會（CNCCFP，簡稱選委會）。如同法國，各國政黨收入來源包括政府補助和私人捐獻，兩者都受法律規範。因此，政黨有申報義務。

　　公費補助包括兩個部分。首先政府補助握有國會席次的政黨，經費取決於席次多寡。其次，政府補助跨過特定得票率的政黨，經費取決於票數多寡。例如，法國公費補助在577當中75個國會選區提名候選人的

政黨。私人獻金的法律規範包括自然人和法人捐獻上限，禁止接受外國捐獻，以及金額超過一定數額必須使用支票等等。

第一節　英國的兩黨生態

20世紀下半葉的英國和美國被視為兩黨政治典型案例。在英國，政黨機器的現代化和選民資格放寬息息相關。1832年，國會通過選權改革法案（Reform Act）。這項法案有兩個重點。第一，它減少沒落選區（rotten borough）應選席次。第二，它將合格選民人數從40萬增加到65萬。

自此，政黨在各個選區成立地方黨部。最初黨部主要工作是確認合格選民名單，一方面，它要求支持本黨的合格選民前往選務機關登記；另一方面，敵對政黨若想將不具備選舉資格當事人納入名單，它會出面舉發。

二次戰後，英國自由黨，嗣後改組的自民黨，以及若干小黨均能取得國會席次。然而，因為保守黨和工黨當中總有一個能夠過半或接近過半，所以仍被視為兩黨對決。2019年國會改選，保守黨取得總額650席當中的365席。工黨得到203席，繼續做為主要反對黨。

英國兩黨政治原本是保守黨和自由黨競爭。保守黨的前身是圓顱黨（Tory Party），在1834年改組成今天的保守黨。1830年，自由黨在格雷（Earl Grey）領導下首次執政。19世紀中期以後，格拉斯頓（William Gladstone）四度出任首相，提高自由黨重要性。

1920年代工黨崛起，並且在1922年國會選舉後成為最大反對黨。兩次大戰間的休戰時期，英國一度處於三黨不過半局面。1919到1939年間英國不斷出現倒閣和解散國會情事。1923年，自由黨將組閣權讓給工黨，試圖突顯工黨缺乏執政經驗。這項嘗試並不成功，工黨因此奪取自由黨大部分選民基礎，自由黨只能靠少數原本支持保守黨的選民維持生存。

二戰結束後，自由黨地位被工黨取代。1945年艾德禮（Clement Attlee）領導工黨贏得國會改選，出任首相。除了將重要產業收歸國有，工黨政府在1948年實施全民健保。1974年，自由黨在國會改選當中得到600萬票，得票率接近20%。然而，從國會席次角度來看，它的進展有限，從12席增加到14席。

1977到1979年間，工黨和自由黨合作，維持多數地位。2010年以前，工自同盟（Lib-Lab pact）是二次戰後唯一的政黨合作。假設工黨在1997年國會選舉再度失利，或將促成該黨和自民黨進行選舉合作，英國政黨生態也有可能朝多黨制方向發展。然而，工黨在1997年選舉當中重挫保守黨，英國得以維持兩黨對決傳統。

2000年以後，英國政黨解組跡象日趨明顯，並且反映在選民投票意願快速下滑。二戰以後，英國國會選舉的投票率維持在75%左右，這項數字在2001年銳減為59.4%。2010年國會改選，沒有任何政黨取得過半席次，是1974年以來第一次，造成僵局國會（hung parliament）。居於領先的保守黨得到306席，工黨258席，自民黨（Lib-Dem）57席。[1]

---

[1] http://www.lemonde.fr/europe/article/2010/05/07/grande-bretagne-les-tractations-vont-se-faire-dans-l-urgence_1348259_3214.html#xtor=AL-32280340.

選舉過後，保守黨和自民黨組成70年來首見的聯合政府。除了讓四位自民黨領袖入閣之外，保守黨同意將變更選制議案交付公投。所謂選制改革並非自民黨的第一志願比例代表制，而是類似澳洲的排名制（preferential vote）。2011年，選制改革公投未能過關，部分原因在於自民黨支持者人數銳減。此外，兩黨聯手通過國會議員任期固定法（Fixed-term Parliaments Act）。

2013年以後，獨立黨（UKIP）選舉實力得到進展。2014年，它在歐洲議會選舉當中得到20席，這個成績甚至超過保守黨和工黨，進而在脫歐公投當中扮演重要角色。然而，獨立黨在2017年國會改選當中的得票率銳減，未能取得任何席次。

2017年，保守黨首相梅伊訴請國會改選，卻因為損失13席而未能單獨過半。選舉期間，政黨間的合縱連橫對於結果產生影響。例如，綠黨退出在22個選區角逐，拉抬自民黨和獨立黨勝選機會。相反地，獨立黨執意在377個選區提名候選人，受惠的是保守黨。選舉過後梅伊和來自北愛爾蘭的基督民主黨（DUP）簽署合作協定，組成少數政府。根據這項協定，基督民主黨同意支持保守黨政府，交換保守黨承諾就共同關切事項逐案進行協商。

保守黨和工黨的組織模式不盡相同。兩黨國會黨部都擁有很大權力，只不過保守黨內造傾向更為明顯。例如，國會黨團在推選黨魁方面的影響力舉足輕重。儘管如此，這不表示他在當選後會重視同黨議員意見。國會黨鞭由主席任命，內閣或影子內閣名單也取決於他。

忽視國會黨團意見可能招致嚴重後果，1990年柴契爾因此在黨主

席改選當中失利。事實上，保守黨早在1922年便設立國會議員委員會（Private Members Committee，簡稱1922年委員會），避免類似情況發生。

1922年委員會不具備決策功能，它提供國會議員一個論壇，質疑黨主席政策作為是否正確。委員會很少進行表決，討論過程由委員會主席向黨魁報告，提醒他有哪些不滿意見。有時候黨主席也會出席該委員會，一方面回應同黨議員質疑，另一方面替自己辯護。理想情況下，黨內歧見能夠在委員會當中得到解決。

2018年，48位保守黨議員將不信任信函寄交1922年委員會主席布雷迪（Sir Graham Brady）。由於人數到達黨章規定的15%門檻，黨團因此對梅伊進行不信任投票。梅伊承諾只擔任黨魁到下屆國會改選，不信任案未獲通過。

保守黨中央黨部由黨主席指揮節制。黨主席不僅是國會黨團領袖，也是全黨權力中心。無論執政或在野，黨主席地位都不受影響。秘書長等幹部由黨主席任命，各委員會也聽命於黨主席。每年舉行一次的黨代表大會不具備選舉功能，主要是針對黨的政策路線進行討論。大會通過決議對於國會黨團並無拘束力。總而言之，保守黨經常保持由上而下領導方式。

地方黨部仍然在政治甄選和動員方面扮演重要角色。首先，地方黨部從黨員當中選擇人選充任地方公職，雖然這類公職待遇不高，卻是晉身全國性政治人物唯一途徑。當事人只有力求表現，才能被地方黨部推薦角逐國會議員。

地方黨部的提名委員會地位重要。提名委員會主席一方面建請中央黨部推薦人選，另一方面從地方公職中發掘人才。重要的是，地方黨部懂得保護選區議員提名權。假設中央黨部試圖欽定某位候選人，無異宣布當事人提前出局。與此同時，雖然黨中央有權否決地方黨部推薦人選，卻不曾行使。保守黨和工黨都有不少安全選區，地方黨部對於英國政黨政治影響不容忽視。

1979年以後，英國引以為傲的黨紀出現動搖跡象，兩黨內部存在不容忽視的人事糾葛和政策分歧。在保守黨方面，柴契爾和梅傑都曾遇到嚴重挑戰。1995年，梅傑先是辭去黨魁，再重新奪回黨魁及首相職位；在工黨方面，布萊爾和布朗間的衝突很早就檯面化。2003年，布萊爾宣布投入攻伊戰爭，若干保守黨議員的支持變得不可或缺。

1980年以後，英國工黨也逐漸朝外造政黨發展。工黨黨員分為團體黨員和個人黨員，前者以工會為主幹，黨員人數約500萬。後者僅有25萬左右，個人黨員忠誠度高於團體黨員。工黨地方黨部稱為綜合管理委員會（General Management Committee，簡稱管委會）。管委會包括小組和工會代表，通常每年開會一次，實際運作由執委會負責。

1970年代末期，工會代表不滿國會議員多數時候採取溫和政治立場，因而積極爭取黨的主導權。1981年舉行的溫布萊黨代表大會通過多項議案，削弱國會黨團影響力。例如，原先慣例是除非地方黨部通過不信任決議，現任議員自動取得改選時的提名資格。1981年以後，這種保障現任的提名制度不復存在，地方黨部會在改選前針對多位人選進行評估。

與此同時，之前工黨黨魁幾乎都由國會黨團選舉產生。自此，國會

黨團只保有黨魁選舉人團的30%選票，地方黨部和工會則分別擁有30%和40%選舉人票。工黨因此分裂，部分國會議員決定另組社會民主黨（SDP），並且和自由黨結盟。1989年，兩黨合併組成自民黨。

儘管國會黨團權力遭到削弱，黨中央對於議員提名的參與不受影響。首先，地方黨部擬出的參考名單和提名人選必須經過中央黨部批准。其次，倘若有補選情事，提名人選須由中央及地方黨部共同商定。

第二節　美國的兩黨生態

美國政黨生態和英國相仿，自立國以來多數時候維持兩黨對決局面。1820年代初期是個例外，1820年，民主黨籍總統門羅（James Monroe）在沒有對手情況下連任成功，嗣後幾年被稱為黃金年代（Era of Good Feeling）。

美國歷史上，最早是聯邦派和州權派競爭。費城制憲後，主張建立強大聯邦政府的漢彌頓在國會取得優勢。為了與漢彌頓抗衡，州權派領袖哲斐遜組成實則為今天民主黨前身的共和黨（Democratic-Republican Party）。稍後，漢彌頓也組成名為聯邦派（Federalists Party）的政黨。

1800年，哲斐遜擊敗尋求連任的亞當斯當選總統，聯邦派勢微。1820年以後，它的支持者分別投向民主黨和輝格黨（Whig Party）。部分因為傑克遜（Andrew Jackson）的君主作風，輝格黨名稱源自英國反對專制的騎士黨。1840年以後，輝格黨兩度贏得總統選舉。1850年代，它因為忽視全國矚目的黑奴問題沒落。林肯改投共和黨，並在1860

年當選總統。

1857年，最高法院在「史考特對沈福」（Dred Scott v. Sandford）案中做出對黑人不利判決，鼓動共和黨聲勢。1865年南北戰爭結束，民主黨與共和黨成為美國兩個主要政黨。

在各個時期，民主黨與共和黨抱持不同政治主張。有些時候，兩黨出現主客異位情形。例如，最初民主黨以州權派自居。然而，1932年以後，羅斯福主張聯邦政府應該積極干預人民的社會經濟生活。先前知識份子比較支持共和黨，自此則傾向民主黨。再者，民主黨成為外來移民、天主教徒和黑人的代言人。

在美國這樣的兩黨制國家，政黨合作可能性不高，原因是少數與多數、在野或在朝分際明顯。政黨既無可能進行選舉合作，選後亦無從產生聯合政府。因此，政黨結盟（party coalition）在美國具有迥異於歐陸的意義。它是指民主及共和兩黨各自整合選票基礎，贏得選舉勝利。

政黨重組（party realignment）和解組是研究美國政黨結盟的主要議題。1864年南北戰爭結束，民主與共和兩黨競爭成為美國政黨政治常態。他們之所以歷久不衰，調適能力是項關鍵。質言之，民主黨及共和黨能夠與時俱進，採納新的政治思潮和政策立場，取得新的選民基礎。

1864年至今，美國政黨政治歷經多次重組。派特森指出，政黨重組包含四項要件：

1. 國內政治出現一項或多項高度爭議性議題，現存政治秩序受到破壞。

2. 在一場選舉當中，選民大規模轉向支持特定政黨。後者因此取得優勢政黨（majority party）地位。

3. 經由優勢政黨推動，政府政策產生重大變化。

4. 政黨在結盟事務上不斷進行角逐，但結果持續有利於優勢政黨。

美國歷史上，政黨重組出現次數不多，政黨輪替不必然帶來政黨重組。政黨重組是指政黨版圖出現重大且持久變化，影響所及不只是一兩次選舉，而是更長時間。

南北戰爭大幅改變美國政黨版圖，共和黨取代民主黨成為優勢政黨。在領土面積廣大、人口眾多的北方各州，共和黨占盡上風。相對地，民主黨只保有穩固的南方（Solid South）。1864年以後30年當中，除了克里夫蘭（Grover Cleveland）兩任，共和黨始終保有總統職位。此後30年當中，除了威爾遜兩任，共和黨持續占得上風。與此同時，它只有六年未能贏得國會多數。

1930年代經濟蕭條替美國帶來另一波政黨重組。許多選民不滿共和黨及共和黨籍總統胡佛（Herbert Hoover）政策，轉而支持民主黨。民主黨因此取代共和黨成為優勢政黨。1932年，羅斯福當選總統，開啟民主黨36年長期執政。這段期間，共和黨憑藉艾森豪戰時英雄形象取得兩任總統。此外，民主黨只在1947和1953年失去兩屆國會多數。

政黨重組重要性在於對選民認同（party identification）產生深遠影響。年輕選民通常因此認同新近崛起的政黨。長遠來看，優勢政黨將取

得深厚選民基礎。儘管如此，政黨重組的影響必然隨著時間流失而褪色。1960年代末期，民主黨因為民權法案和越戰等問題產生內部裂痕，新政帶給它的政治資產消耗殆盡。

除了政黨重組，政黨解組（party dealignment）也是重要課題。1968年以後，多數學者認為共和黨重新取得優勢政黨地位，問題是它的優勢不如以往明顯。特別在政黨認同方面，民主黨仍然享有些微人數優勢。因此，政黨解組論調甚囂塵上，它是指支持者放棄政黨認同，自認中立選民增加，政黨長期執政的難度提高。

造成政黨解組的原因很多。首先，爭議性問題不斷出現，讓選民認同受到動搖。在這方面，民權運動和越戰經常被人提及。其次，類似水門案等醜聞降低選民對於民選公職，以及政黨信心；再者，選民教育程度提高，他們自認能夠就媒體資訊判斷候選人優劣；此外，以往經濟生活困窘經常導致政黨重組，隨著社會安全體系普及，這種情形出現機率相對降低。

政黨結盟在美國政治當中扮演重要角色，兩大黨背後的選民基礎不盡相同，並且經常發生變化。例如，詹森在民權法案方面採取的立場使得南方各州倒向共和黨，南方各州黑人則轉而支持民主黨。此外，政黨內部的派系政治（factionalism）持續蓬勃發展。假設甲黨因此分裂，乙黨將坐收漁利。在這方面，民主共和兩黨都曾是受益者，也都曾經淪為受害者。

賴德（Everett Carll Ladd Jr.）指出，民主黨內部存在老民主黨和新民主黨間的路線爭議。前者主張重建美國工業基礎，後者則以打造「資

訊高速公路」做為主要訴求。這兩個派系能否整合，攸關民主黨選舉勝負。1992年，柯林頓在總統選舉當中勝出，老民主黨歸隊被視為關鍵。

1994年，雙方因為北美自由貿易協定（NAFTA），以及關稅及貿易總協定（GATT）等問題發生爭執。老民主黨派系重視增加就業機會，認為北美自由貿易協定會促使美國企業將生產線移往墨西哥。而關稅及貿易總協定一旦改組成世貿組織（WTO），中國大陸等開發中國家生產的廉價商品將大舉進入美國市場。上述論點並未得到柯林頓，以及副總統高爾採納。部分因為老民主黨派系反彈，民主黨在是年期中改選受到空前挫敗。

與此同時，共和黨內部存在溫和及保守派系競逐。1964年以後，宗教與傳統保守派占得上風。2000和2004年小布希持續憑藉保守同盟（conservative coalition）在總統選舉當中勝出。

除了民主共和兩黨之外，美國也有農民黨、社會黨和進步黨等其他政黨從事政治活動。威爾森將這類政黨分成四類：首先是意識形態政黨，如社會主義勞工黨；其次有禁酒黨這類單一議題政黨；再者，威爾森將人民黨（Populist party）這類政黨視為對經濟現狀不滿政黨；最後是從兩大黨分裂產生的派系型政黨（factional party）。在上述四類政黨當中，以派系型政黨最具實力。因此，防止派系型政黨出現成為民主共和兩黨必須面對的課題。

1912年，老羅斯福與塔虎脫內鬥導致共和黨敗選，促使兩大黨重視內部整合。是年，共和黨發生分裂，將總統拱手讓給威爾遜。選舉結果，威爾遜以43%得票率獲得630萬張普選票，以及40個州選舉人票。

從共和黨脫黨競選的老羅斯福得到410萬張普選票，以及6個州選舉人票。共和黨候選人塔虎脫得到350萬張普選票與2個州選舉人票。倘非共和黨分裂，咸信可以贏得選舉勝利。

美國政黨缺乏嚴格紀律，部分原因出在即使全國性領袖也無法有效介入民選公職提名過程。以「1938年整肅」為例，羅斯福試圖阻止反對新政的參議員得到民主黨提名。不過，13個選區當中仍然有12位現任議員獲得提名。晚近民主共和兩黨內部的次級團體引發關注，2010年成立的茶黨（Tea Party Caucus）是著名案例。它主張恪遵有限政府原則，削減預算。

民主共和兩黨最高權力機構是四年集會一次的黨代表大會（national convention）。黨代表大會主要任務是提名總統候選人，次要任務包括提名副總統候選人，通過政策綱領，以及在媒體上營造勝選氣勢等等。

在這四年當中，全國委員會（national committee，簡稱全委會）負責處理日常事務，其中各州至少有兩位代表。在共和黨全委會，先前在全州性選舉獲勝的州可以分配到額外席次。國會黨團組成的國會選舉委員會（congressional campaign committee）除了協助現任議員尋求連任之外，同時物色適當人選攻陷敵對政黨選區。

全委會主席（也稱為黨主席）是項專職，領有薪俸。2016年川普贏得總統選舉以後隨即延攬共和黨全委會主席蒲博斯（Reince Priebus）出任白宮幕僚長。全委會主席並非全委會委員選出，而是國會選舉委員會推選產生。對於贏得總統選舉的政黨而言，全委會主席地位重要。他（她）的主要工作是擬具黨員名單，做為總統任命聯邦政府官員參考。

相對地，敗選政黨的全委會主席輕鬆許多。

　　1960年代末期到1970年代初期，共和民主兩黨陸續針對黨機器進行改造。共和黨著眼於充實中央黨部人員經費，使其能夠積極參與總統和國會選舉。相對地，民主黨側重派系整合。在嗣後各項選舉當中，建立起某種官僚體制的共和黨占了上風。因此，民主黨開始仿效共和黨改造路線。

　　改造後的共和黨在經費和人才招募方面有長足發展。以1986年國會選舉為例，共和黨全委會從180萬筆小額捐款當中募得7,500萬美元。全委會將部分款項用於成立政治顧問公司，該公司「營業項目」包括甄選公職候選人、給予職前訓練、提供法律和財務諮詢意見、研究選舉議題、從事民意調查、分析選民投票意向，以及承攬全黨共同的文宣活動。

　　中央黨部之外，從州到郡的各級地方黨部地位重要。即使是國會議員選舉，選區（constituency）考量通常優於其他利害計算。因此，美國政壇例來流傳「一切政治運作都得回到地方層次考量」（All politics are local）說法。

　　基層方面，鄉鎮市區（ward）和村里（precinct）是兩黨短兵相接的地方。目前，全美約有10萬個村里。地方黨部運作具有高度自主性，有效發揮甄選和動員各項功能。1960年甘迺迪當選總統。民主黨芝加哥市黨部頗有貢獻。政黨提名候選人多會尊重地方黨部意見，未必舉行初選。

第三節　德國的多黨生態

多黨林立是法德政治傳統，但情況不盡相同。二戰以後，政黨在德國眾院單獨過半的情形絕無僅有，只在1957年發生過一次。即使如此，過半的基民黨仍然選擇組成聯合政府。在右派方面，成立於1946年的基民黨（CDU）和基民同盟（CSU）始終是保守派主幹。社民黨（SPD）則是站穩左派領導地位。這個格局延續到兩德統一以後。

基民同盟是基民黨在巴伐利亞邦的姐妹黨，通常合稱基民黨。它被視為西歐國家當中第一個全民政黨（*Volkspartei*）。從艾德諾開始，該黨領袖便強調自己是中間，而非右派政黨。一方面，基民黨試圖化解天主教徒和新教徒的分歧，強調信仰價值；另一方面，它反對社會主義政策主張。相對於新教徒，天主教徒支持基民黨的比例較高。

社民黨是德國歷史最悠久的政黨，成立於1863年。直到今天，它始終主張替弱勢者建構社會安全網。然而，見識到基民黨的成功案例，社民黨決定起而效法，放棄1925年通過的「海德堡綱領」，和社會主義教條做出切割，成為另一個全民政黨。2021年，社民黨在眾院選舉當中取代基民黨成為第一大黨，並在選後和自民黨與綠黨組成聯合政府。

相較於基民黨和社民黨，自民黨以保障公民自由做為主要訴求。隨著綠黨力量趨於穩定，自民黨被迫向政治光譜的右翼移動，不再能夠左右逢源。在德國，兩大黨「借票」給自民黨的合作模式行之有年。1970年代社民黨與自民黨（FDP）合組聯合政府，如何讓後者持續跨過5%得票門檻始終是個問題。顧不得自身席次減少，社民黨籲請部分支持者

將投給政黨那票借予自民黨。

1983年以後，基民黨也援例辦理。1987年，向與自民黨不睦的基民黨領袖史特勞斯（Franz Josef Strauss）威脅中止借票傳統。由此可見，借票在德國政黨結盟過程當中占有重要地位。倘若無票可借，自民黨生存將成為問題。以1990年國會改選為例，自民黨得到79席，當中只有一席由區域選舉產生，其餘來自政黨比例代表。

1980年以後，德國多黨結構遭到兩個政黨闖入。首先是提倡環保的綠黨，綠黨原本具備反建制傾向，提倡環保及和平主義。多數綠黨議員捨棄西服和套裝，穿著毛衣及牛仔褲。做為左派成員，它直到1983年才取得眾院席次。1998年，綠黨和社民黨組成聯合政府，紅綠同盟意謂綠黨首次參與執政。除了改採溫和路線之外，綠黨的馴化表現在許多方面，讓它像個傳統政黨。

例如，綠黨自稱是和平主義者，卻贊成武力干預科索伏。它支持稅制改革，調降高收入階層所得稅率，用以交換課徵環保稅。綠黨主張揚棄核能發電，但同意訂出30年緩衝期。2021年，基於務實考量，綠黨加入包含自民黨在內的聯合政府。

除了綠黨之外，由前東德共黨改組而來的民社黨（PDS）持續得到若干支持。它的政治訴求包括落實社會公道、和平主義，以及維護德國東部人民權益。2002年，民社黨受到重挫，卻在2005年國會提前改選當中起死回生，以8.7%選票得到54席議員。2007年，民社黨更名為左派政黨（Left Party，簡稱左黨）。

2013年，以抗拒歐盟做為競選主軸的另類選擇黨（AfD）在國會選舉中得到4.7%選票，險些跨越5%當選門檻。2015年，它以7.1%得票率取得7席歐洲議會議員。2021年國會改選，另類選擇黨以12.6%得票率取得83席。

多黨生態對於德國聯邦運作造成兩項影響：第一，參與執政的小黨有權否決政府政策；第二，由於部會有其自主性，出身小黨的部長仍舊大權在握。而在邦政府層級，小黨政黨不時能夠取得席次，甚至參與聯合政府。例如，2001年法律秩序黨（PRO）在漢堡議會改選得到19.4%選票。

在德國，政黨有其憲法地位。考量它在政治過程當中的重要性，德國經常被稱為政黨國家（party state）。早在制定基本法當時，制憲者就試圖讓政黨扮演積極正面的角色，具備可課責性。再者，德國沒有全國性公投的制度設計，因而賦予政黨更多權利義務。

政黨領袖有權決定候選人名單，不會舉行黨員初選。即使在地方選舉，選民多半選黨不選人。政黨投入聯邦國會、邦議會和歐洲議會選舉，都會得到公費補助。政府補助政黨，而非個別候選人，相關補助約占政黨收入的三分之一。即使不在選舉期間，政府持續補助政黨，以及和政黨關係緊密的基金會，讓他們維持運作，因此德國政黨的黨紀森嚴。

基本法第21條針對政黨活動設下若干限制。首先，政黨應該公開獻金來源。其次，政黨活動不得損及自由民主的憲政秩序，否則將被宣告違憲。多年來，德國不斷充實政黨法規，其中以1967年通過的政黨法

最為重要。它對於黨員權利和政黨運作做出若干規範，包括黨代表大會角色；黨章黨綱通過流程；透過民主程序產生領導幹部的原則；以及政黨應該如何處理經費問題等等。

憲法法院有權解散試圖破壞憲政體制的政黨。1952年，它援引基本法第21條禁止極右派小黨運作。1956年，憲法法院裁定解散共黨，直到1968年共黨才又獲准重組。除了基本法第21條之外，德國採行的補償性兩票制也有抑制小黨作用。1953年，取得眾院席次的政黨數目由12個減半成為6個，1957年進一步減少成4個。

1950年代，難民黨（GB/BHE）和日耳曼黨（DP）陸續從聯邦國會舞台消失。1960年代，被視為新納粹，極右的國家民主黨（NPD）在若干邦議會取得席次，但是只在1969年有機會躋身聯邦眾院，當時它的得票率是4.3%。2004年，國家民主黨捲土重來，在薩克森邦議會選舉當中得到9.2%選票。

聯邦政府曾經以國家民主黨黨員從事破壞憲政體制活動，訴請憲法法院加以解散。不過，憲法法院發現該黨若干領袖是情報機構派出的探員，駁回聯邦政府請求。

第四節　法國的多黨生態

在法國，左右兩派概念存在超過兩個世紀。大革命前夕，路易十六召開三級會議，坐在君主右側的貴族和教會代表被稱為右派。1789年，法國召開制憲會議，坐在議長右邊的代表被冠以相同稱謂。右派贊同君

主有權否決國會通過法案，和左翼代表格格不入。

　　除了左右分明之外，小黨林立是法國政黨生態一項特色。傅偉（Jacques Fauvert）下了這樣註腳：「在法國，有兩項基本政治原則，就是左派與右派。如果加上中間路線，就有三種政治傾向。此外，法國有6個政治家族，10個大小政黨，每個政黨內部存在若干派系。國會中有14個缺乏黨紀約束的黨團。最後，四千萬選民每個人有不同政治見解。」

　　雷蒙德（René Rémond）說，右派和左派是法國政治生活最常見的分別方式：「右派和左派的脈動是相互對立又無法分割，是當代法國政治生活的驅動程式。下述字眼幾乎每個法國人都能朗朗上口，其中包括右派人士、左派人士、右派政黨、左派政黨、左派聯盟、右派聯盟、中間偏右、中間偏左。在過去一百五十年政治競爭當中，他們不斷迴響在耳際。」

　　法國政黨領袖不時基於各種原因更改黨名，並且得到黨員認同。政黨的分裂與合併是家常便飯。例如，1947年戴高樂派（Gaullists）成立的第一個政黨稱做「法國人民聯盟」（RPF），到現在已經五度更名，2015年，前總統沙克吉獲選為「人民運動同盟」（UMP）黨魁，並在同年5月更改黨名為共和黨（LR）。

　　類似情形發生在其他主要政黨身上。例如，民族聯盟（RN）的前身是布熱德黨。民主同盟承襲中間政黨選民基礎。社會黨根源遠溯到工人國際。多數法國政黨具有深厚歷史淵源，以及意識形態基礎。例如，極右派政黨民族聯盟和思想家莫拉斯（Charles Maurras）理念，以及

「法蘭西行動陣線」（l'Action Française）息息相關。

2017年，共和黨與社會黨在總統和國會改選當中落敗。馬克宏任命共和黨員菲力浦出任總理，逐漸改變法國政黨版圖。2022年，馬克宏連任成功，鞏固前進黨從中間偏左到偏右的選民基礎。與此同時，極左的不屈黨支持度超車社會黨，極右的民族聯盟超車共和黨。極左，極右和中間政黨三足鼎立，是法國政黨政治前所未見的局面。

這顯示多數法國選民不排斥激進主張，中間路線政黨未必能夠取得主要政黨（major party）地位。1958到1978年間，共黨（PCF）是左派陣營主要政黨。前社會黨黨魁莫雷曾經指出，「共黨的精確位置不在我們左翼，而是在我們東方。」[2]2022年總統選舉第一輪投票，不屈黨黨魁梅朗雄以近22%得票率勝過社會黨伊達戈的1.75%，社會黨發展前景益發黯淡。

1974年以後，中間偏右的奧爾良派（orléanistes）在投票年齡和婦女墮胎等問題方面要比戴高樂派開放，20年後卻在右派主要政黨的爭奪戰當中落敗。2017年以前，中間政黨只贏得1974年總統選舉，足證在兩極生態下儘管中間選民重要，但是要在這個基礎上建構主要政黨並非易事。

目前，法國稍具實力的政黨有前進黨、民族聯盟、不屈黨（La France insoumise）、共和黨、社會黨、民主運動黨（MoDem）、民主同盟，以及生態黨（EELV），以及新境界黨（Horizon）。

---

[2]　見Anne Stevens, *The Government and Politics of France*, (New York: St. Martin's Press), 1992, p. 261.

2017年總統選舉重劃法國政黨版圖，左右兩派傳統大黨同時受到重創。社會黨與共和黨候選人都未能進入第二輪，是第五共和史上頭一遭。

2022年總統和國會改選延續這項走勢。馬克宏連任總統成功，卻在國會改選中受到重挫，替前進黨前景增添不確定性。民族聯盟的國會席次多過共和黨，社會黨被迫加入不屈黨領導的新左派同盟（Nupes），暫時成為左派次要政黨。

回顧起來，共和黨和社會黨執政表現不佳是馬克宏奪取中間偏左選民基礎，借殼上市的成功前提。2012年沙克吉尋求連任失敗，顯示右派不得人心。2017年，歐蘭德放棄尋求連任，同樣暴露出執政無方窘境。

右派承襲舊政權（ancien régime）遺緒，具備保守傾向。保皇派始終在右派占有重要地位。右派的傳統支持者來自三個部分：第一是貴族仕紳，他們當中的資產階級成為奧爾良派（orléanistes）主幹；第二是出身行伍的家庭成員，當事人通常具備國族主義信念；第三是教會信徒，當事人抱持基督民主的信念原則。強調傳統和菁英價值是右派註冊商標。

左派重視民眾權益，敵視貴族和教會。2012年，歐蘭德當選總統，矢言做為「正常總統」即為一例。左派主張透過國家機器進行資源重分配，強化社會安全，這種擴大政府職能的觀念不見容於右派，雙方壁壘分明。與此同時，中間路線政黨力量不容忽視，他們依違在左右兩派之間，不時取得良好競選成績。

　　左右分明降低選票移轉可能性，雙方各自擁有不少認同選民。中間游離選民動向往往能夠決定選舉勝負，他們以懲罰在位者（*sortir les sortants*）傳統聞名於世。1978到2002年，現任政府不曾在國會改選中保有多數席次。1993年，右派取得空前勝利。四年之後，左派便在國會提前改選中獲得多數席次。深入觀察，席次變動幅度遠超過得票率變化。

　　同樣因為政黨壁壘分明，許多市鎮成為右派或左派必勝選區。以往巴黎市長是右派囊中物，2001年才由社會黨的德拉諾耶（Bertrand Delanoë）奪下市長寶座。巴黎近郊地區在民族陣線崛起以前長期是共黨根據地，因此得到紅色郊區（*banlieu rouge*）稱號，晚近民族聯盟在若干南部市鎮展現同樣氣勢。

　　2002年及2007年，執政黨人民運動同盟連續贏得兩次總統和國會選舉。該黨是由戴高樂派（Gaullists）改組而來。如同華盛頓，戴高樂對政黨抱持負面態度，認為它是阻礙國家團結的派系。因此，戴高樂不允許政黨冠上他的姓氏，也不曾擔任黨職。儘管如此，二戰以後戴高樂派就不斷憑藉他的英雄形象組織政黨。它的理念和運作貼近基層，和以地方仕紳做為主幹的奧爾良派（orleanist right）大異其趣。

　　在法國，囿於多黨兩極化結構，政黨間即使推誠合作尚非勝選保證，設若整合失敗，結果可想而知。政黨間主要採行兩種合作策略。第一是單一候選人（single candidate）模式。1988年，右派共和聯盟與民主同盟同意在511個選區共同提名一位候選人，試圖在第一輪投票中占得先機。

1997年，左派仿效這項成功經驗。社會黨和綠黨，以及公民運動黨結盟，在若干選區共推候選人。重點是提高各黨現任議員當選機率。相關結盟協定不僅成為左派勝選因素，同時奠定選後籌組複數左派聯合政府基礎。2017年以前，政黨內部或彼此間通常透過協商推舉候選人，辦理初選情形並不多見。如同美國，法國初選並未加計民調數據，是由核心支持者推舉人選。

除了單一候選人之外，準初選（trial run）是另一種合作模式。雙方要等到第一輪投票結束後藉由退選協議（*désistement*）提高勝選機率，重點是集中票源支持最具勝選希望的候選人（best placed candidate）。1981年，左派團結社會黨（PSU）和激進運動黨（MRG）都有提名候選人參與國會，甚至總統選舉，但也都在第二輪投票當中支持較具勝選希望的社會黨人。

無論採取何種模式，當事人通常會簽署白紙黑字的共同綱領，替執政預做準備。1972年，社會黨與共黨簽署共同綱領，重點包括提高基本工資，減少工作週數，強化工會權利，以及將私有企業收歸國營。

在法國，政黨不時因為爭奪主要政黨（major party）地位中止彼此間的合作關係。1977年，共黨決定中止和社會黨的選舉合作，表面理由包括政策歧見和勝選後的內閣組成問題，究其實共黨不樂見社會黨取得左派主導地位才是關鍵。在1978年國會改選第二輪投票當中，共黨拉下多位具有勝選希望的社會黨候選人，否則左派可能取得多數席次。

1981年，社會黨贏得總統和國會選舉，取代共黨成為左派主要政黨。1984年，兩黨合作再度面臨考驗。莫華辭去總理，由法比斯接任，

後者邀請共黨閣員繼續留在內閣當中，然而共黨政治局表示不願接受內閣延續1983年以來實施的緊縮支出政策，要求該黨閣員退出內閣。它同意繼續做為國會多數的一份子，但將選擇性支持政府政策。

2004年以後，民主同盟也在右派聯合政府當中扮演類似角色。例如，它曾經反對人民運動同盟提出的預算案，甚至支持社會黨對戴維班政府進行譴責。2006年，民主同盟30位國會議員中有11位在譴責案表決中投下贊成票，人民運動同盟的回應是威脅中止單一候選人合作。[3]

政黨合作成敗往往能夠決定選舉勝負。1981年，季斯卡尋求連任失利，選後他表示「受到有預謀的背叛」，證明席哈克態度模稜兩可影響重大。儘管如此，兩人持續尋求合作的可能性，以便從左派手中奪回政權。

2012年，歐蘭德成功整合左派，成為密特朗以後又一位來自社會黨的總統當選人。然而，隨著執政成績下滑，黨內異議派（frondeurs）力量持續壯大，終於在2017年總統初選當中選出阿蒙（Benoît Hamon）成為候選人。歐蘭德派和異議派間的齟齬並未因為初選結束而落幕，反倒越演越烈。除了拒絕替阿蒙連署之外，初選落敗的前總理沃爾斯宣布支持中間偏左的候選人馬克宏。

在總統選舉第一輪投票當中，阿蒙只得到6.36%選票，遠遠落後給馬克宏（24%），以及極左派不屈黨的候選人梅朗雄（Jean-Luc Mélenchon, 19.58%）。2022年，社會黨再次在總統選舉當中慘敗。

---

[3]　見Le Monde, 16.05.2006.

　　1980年代以後，法國政黨生態因為民族陣線崛起產生變化。從地方到中央選舉，它的得票率經常名列前茅，甚至能夠影響選舉勝負。2014年，民族陣線首次在參院選舉當中取得席次，2017年國會改選，民族陣線在第二輪得到8.75%選票，當選八席議員。2022年，改名後的民族聯盟再創佳績，取得89席。

　　為了壓制民族聯盟，從中央到地方左右兩派多次達成保衛共和（republican defense）協議。在民族陣線候選人有望當選選區，雙方決定集中力量予以夾殺。不過，要想落實這項策略越來越困難。2017年，民族陣線繼2002年以後再次擠進總統選舉第二輪，進而得到33%選票。2022年，瑪琳雷朋在第二輪的得票率增加到41%。

　　除了選舉結果之外，民族聯盟會對政府政策造成影響。2010年，法國政府不顧聯合國抗議，強制遣返非法入境的吉普賽居民，咸信和極右選民壓力息息相關。1988年，右派和民族陣線達成地區性合作協定。然而，馬賽協定（Marseille agreement）既未能夠增加民族陣線席次，也無法幫助右派贏得勝選。

　　揆諸法德等國經驗，政黨合作必須注意以下四點：第一，多黨架構下，除非採行比例代表制，合作與否均會對選舉結果產生影響，進行整合的勝算高於訴諸選民策略性投票。

　　第二，多黨生態下，寄望對手分裂是勝選方程式。因此，各政黨均應分辨合作與合併差異，進而瞭解「以對抗代替合作」可能引發後果。1988年，法國社會黨在國會改選中獲勝，得票率是37.5%。第三，多黨生態不時提供選民重組（re-alignment）契機，即使出現足以和左右陣

營鼎足而三的中間政黨，極端政黨仍然可能趁虛而入。

　　第四，在兩極政黨生態當中，尊重少數意謂保障少數人的公民權利和意見自由，並不包括接受對方政治主張。對於優勢政黨而言，向競爭對手貼近可能帶來違背選舉承諾的質疑，以及兩頭不討好的後果。

　　在這方面，1972年法國總理夏本（Jacques Chaban-Delmas）推動的「新社會政綱」是典型案例。因為這項帶有濃厚社會主義色彩的政策路線，戴高樂派付出的代價不只是夏本在1974年問鼎總統失利，而是失去優勢政黨，乃至於右派主要政黨地位。

　　在民主國家，選舉具備重大意義。選權普及（universal suffrage）和當事國民主深化息息相關。19世紀當中，英國在1832、1867、1872和1884年擴大人民參與。1918年，成年男女全數取得投票權。在同個時間，美國婦女於1920年取得投票權。法國婦女要到1944年才取得投票權，瑞士是1971年。

　　選舉的政治功能包括：第一是選擇合適人選擔任公職。在這方面，總統和國會選舉最關緊要。前者做為國家元首，是國家統一象徵。在先進國家，具備整合能力的候選人通常較能得到選民青睞。1988年，密特朗便是藉此擊敗席哈克，贏得連任。2017年，馬克宏也是透過和中間偏右的貝魯合作，擠進總統選舉第二輪投票，進而贏得勝選。

　　在國會選舉方面，如同總統選舉，採行中間路線的政黨和候選人較具勝算。2010年，英國保守黨奪回政權，黨魁卡麥隆改採中間路線是主要原因。例如，他主張加強生態保育，以及尊重同志人權。

　　第二，公職選舉能夠決定國家政策路線。2000年美國總統選舉，高爾主張維持柯林頓政府八年來採行的金融紀律。相對地，小布希主張透過減稅刺激經濟成長。結果布希獲勝，並且立即在國會推動減稅方案。2016年川普當選美國總統，也是推動減稅和限縮外來移民。2017

年，馬克宏當選法國總統，隨即推動有利於資方的勞工法規。

與此同時，針對重大政策進行公民投票（referendum，或譯為公民複決，簡稱公投）情形逐漸增加。2016年英國舉行脫歐公投（Brexit referendum），脫歐陣營以近52%得票率勝出。2018年，法國爆發黃背心運動，示威者要求政府就財富稅等議題舉行創制（initiative）公投。以直接民主而言，沒有國家能夠和瑞士匹敵。

無論如何，公投不應做為對抗國會手段，或是少數黨杯葛工具。揆諸西方國家經驗，泰半是國會多數要求選民確認它的決定。1992年，法國社會黨政府簽署馬斯垂克條約，繼而交付公投是典型案例。因此，交付公投應該得到國會明示或暗示同意。2000年，法國總統席哈克將「縮短總統任期」提案交付公投，社會黨政府並無異議。

各國選民登記制度不盡相同。在美國，成年人並不自動成為合格選民，他們必須完成登記手續（registration）才能取得投票權。當事人往往得請假到市政府進行登記。此外，投票日通常並非假日，這都不利於得到多數藍領階級支持的民主黨。因此，民主黨執政的州陸續簡化登記手續。雖然法國也實施選民登記制度，但是成年男女有向市鎮選舉委員會登記義務。

第一節　總統選舉

英國因為世襲君主的存在，沒有總統選舉。相對地，德國、法國和美國等國家都會定期選舉總統做為國家元首，甚至身兼最高行政首長。

各國總統選舉方式不盡相同，但都符合多數決定的民主原則。

德國總統選舉

在德國，總統由「聯邦選舉人團」（Federal Convention，簡稱選舉人團）選舉產生。選舉人團成員包括兩個部分：一是所有眾議員，二是各邦議會透過比例代表選出成員。後者人數與前者相同。選舉人團負責選舉總統。在選舉過程當中，既沒有候選人辯論，任何形式的競選活動也在禁止之列。總統任期五年，並得連任一次。

總統候選人必須年滿40歲。第一輪投票當中，如果有候選人得到過半選舉人票即宣告當選。倘若無人得票超過50%，便須進行第二輪投票。在這一回合投票當中，候選人仍須得到過半選舉人票才能當選。假設仍然無人辦到，便由第三輪投票當中得票最多候選人當選。

2017年，歷任外交部長和副總理，籍隸社民黨的史坦梅爾（Frank-Walter Steinmeier）當選總統，並在2022年贏得連任。

法國總統選舉

1958年第五共和成立之初，法國總統透過間接選舉產生。一方面，制憲諸公試圖約制戴高樂以後的總統權力。另一方面，戴高樂也有他的考量。首先，阿爾及利亞尚未獨立，如何排除當地人民參與是項難題。其次，1945年以來，共黨大抵維持第一大黨地位，稍有不慎可能將總統寶座讓予共黨。

是時，選舉人約75,000人上下，含括三個層級公職民代。中央方

面,參議員和國民議會議員均為選舉人。然而,他們擁有的八百餘張選票僅占總額1%強,不具有決定性影響力。與此同時,縣(département)由縣議員代表,全國36,000個市(commune)級議會則要產生九成以上總統選舉人。1958年,戴高樂以80.5%得票率當選第五共和首任總統。

1962年,戴高樂經由公民投票將總統改為直接選舉。他的考量包括下述三點:第一,稍早戴高樂在小克拉馬(Petit Clamart)遇刺,雖然這次暗殺行動失敗,卻促使他下定修憲決心。戴高樂希望未來繼任人選能夠擁有和他相同的權力基礎;第二,阿爾及利亞問題獲得解決,毋須再考慮當地人民投票權問題;第三,經過1958年國會選舉,共黨勢力受到重挫,不再構成威脅。

要取得候選人資格,最重要是得到500位具備資格的民選公職連署政黨提名候選人也不例外。具備連署權的民選公職包括中央和縣級民代,以及人口達到一定門檻的市長在內。2017年,社會黨黨內初選落敗的沃爾斯拒絕替同黨候選人阿蒙連署,引發軒然大波。

基於確保候選人全國性支持程度,五百張連署書必須來自三十個以上縣份,任一縣份連署書不得超過總額十分之一,防止地方性政治人物攪局。候選人遞交連署書以後,憲法委員會先是審查當事人資格,隨即公布候選人名單。

候選人必須年滿23歲,2017年馬克宏進入第二輪投票,當時他是39歲。選舉辦法規定第一輪和第二輪投票前的競選經費各自有其上限。2012年,沙克吉不僅未能連任,同時因為經費問題引來多起司法訴訟。第一輪投票超過5%得票率的候選人能夠領回保證金。

第一輪投票當中倘使有候選人得到過半選票即宣告當選。然而，至今沒有任何候選人辦到。1965年，法國首次適用兩輪決選新制，出乎多數人意料，戴高樂未能在第一輪勝出。他將這項結果視為挫敗，並且認真思考退出第二輪角逐的可能性。在龐畢度等人勸說下，戴高樂打消退選念頭。1995年，巴拉杜一度在民調上呈現首輪勝出的可能性，但最終未能進入第二輪投票。

因此，第二輪投票成為勝負關鍵。第一輪投票前兩名候選人必須在十四天後經由第二輪投票決定由誰當選。倘若這兩位候選人當中有人宣布退出，須由得票次高者依序遞補，這次只須得到相對多數即可勝出。在第一，特別是第二輪投票當中，政黨內部和彼此間合作至為重要。

美國總統選舉

美國總統由選舉人團（Electoral College）選舉產生，各州選舉人是該州聯邦參議員和眾議員席次總和。每州至少有2位參議員和1位眾議員，因此起碼有3張選舉人票。目前加州有50張選舉人票，佛蒙特州只有3張。此外，首都華府（哥倫比亞特區）也有3張選舉人票。

在進入大選之前，兩黨候選人必須先取得黨代表大會（party convention）提名。各州透過兩種方式產生黨代表，首先是初選（primary），其次有少數州舉行預備會議（caucus）。各州初選集中在大選年2月和3月舉行。早些舉行初選的州可望對於競選結果產生較大影響，原因是「先聲奪人」（momentum）對於候選人而言至關重要。近年來，沒有候選人能夠先輸掉幾個州再逆轉獲勝。

因此，舉行第一場預備會議的愛荷華州及舉行第一場初選的新罕布什州成為兵家必爭之地。2008年，歐巴馬先是贏得愛荷華州預備會議選舉，接著取得民主黨提名，最終當選總統。同一年，共和黨候選人麥肯雖然輸掉愛荷華，但是隨即在新罕布什州扳回一城。

在舉行公辦初選的州，州議會會制定法律，決定哪些人有權在初選當中投票。以2002年當時來說，27個州採行封閉式初選，當事人必須登記成為特定政黨黨員，才能參與該黨初選。11個州採行轉軌式初選（crossover primaries），它的進行方式大抵同於封閉式初選，不同的是選民可以等到投票日那天再公布政黨傾向，參加該黨初選。

再者，有9個州採行開放式初選，當事人毋須先做黨員登記，也不用公布政黨傾向，同時可以選擇參加任何政黨的黨內初選。不過，在某些選舉，當事人只被允許參加一個政黨的初選。2000年，聯邦最高法院判決加州採行的任意式初選（blanket primaries）違憲，理由是允許選民依違在不同政黨之間，違反政黨自由結社權利。

早在初選階段，聯邦政府便會給予稍具實力的候選人公費補助，原因是競選經費往往能夠決定選舉勝負。誰在選戰起跑前募得最多經費，政黨提名幾乎可以說是他的囊中物。接受補助的候選人必須遵守競選開支上限規範。2012年，初選階段的競選經費上限約5,000萬美元。2000年，小布希成為第一個在初選階段放棄公費補助的候選人。

即使候選人在初選階段放棄公費補助，仍舊可以在獲得提名後接受決選階段補助。2012年，兩大黨候選人分別可望得到9,000萬美元補助，條件是以此做為競選經費上限。2008年，歐巴馬先是表示願意接受

公費補助，最後卻食言而肥，原因是他募得三倍於此的款項。得票超過5%的小黨或獨立候選人也能得到公費補助。

總統選舉定在大選年11月第一個星期一之後的星期二舉行。全國538張選舉人票當中，當選人必須得到過半的270票方能當選。選舉人票動向由各州普選決定，並且採取勝者全拿（unit rule）規則。在這方面，緬因州和內布拉斯加州是例外情形。不過，他們總共只有9張選舉人票，難以左右大局。

1892年，密西根州曾經允許若干來自國會議員選區的選舉人違反這項原則。再者，美國也曾經出現「不忠實選舉人」（faithless elector）。2000年選舉當中，小布希得到普選票略少於高爾，卻以271張選舉人票勝出。2016年川普的情形類似，他的普選票比希拉蕊少近300萬，但以304張選舉人票勝出。

假設出現同票，或是無人得到過半選票的情況，將由眾院做出最終決定。美國歷史上有兩次眾院投票選出總統先例，分別發生在1800和1824年。1800年，哲斐遜和他後來的副總統柏爾（Aaron Burr）同樣得到73張選舉人票。因為得到聯邦派領袖漢彌頓的支持，哲斐遜在眾院第36輪投票中擊敗柏爾，當選總統。

1804年，美國通過第12條憲法修正案。它規定眾院就得票最多的三位候選人進行另一輪投票，每州只能投下一票。根據眾院內規，各州要投給那位候選人由該州選出眾議員投票決定。如果無人單獨得到最高票，該州視同投下廢票。1824年，小亞當斯（John Quincy Adams）因此在四位同屬民主共和黨的候選人當中脫穎而出。截至目前，他是唯一

根據第12條憲法修正案由眾院選出的總統。

　　美國總統選舉制度產生以下影響：第一，獨立及第三黨候選人幾無競選空間。1992年總統選舉中，獨立候選人裴洛得到19%普選票，卻未得到任何選舉人票。2000年奈德（Ralph Nader）雖然只得到3%普選票，卻成為高爾敗選的因素之一。

　　第二，大州地位重要，50個州當中，前十大共計有254張選舉人票，僅較過半少16票；第三，候選人會將重點放在沒有政黨具備明顯優勢的州（toss-up states），這樣的州約占總數三分之一。

　　2000年，高爾成為首位同時拿下加州和紐約州，卻輸掉選舉的候選人。2004年，民主黨籍候選人凱瑞（John Kerry）重蹈高爾覆轍。再者，高爾以現任副總統角逐總統寶座，卻輸掉自己出身的田納西州及柯林頓的阿肯色州，也創下另外一項紀錄。

　　總統候選人資格包括：首先，他必須是在美國出生的美國公民。如果在外國出生，雙親必須都是美國公民；2016年總統選舉期間，川普多次質疑歐巴馬當選資格。其次，候選人必須年滿35歲；再者，他必須在美國連續居住滿14年。然而，這不必然是取得候選人資格前的14年。

　　電子媒體得讓候選人有公平表達機會，這不表示電視台有義務提供候選人免費廣告時段，不過如果電視台給甲候選人若干免費廣告時段，就必須對其他候選人一視同仁。同樣地，如果甲候選人向電視台購買時段，其他候選人便可以用相仿價格買進類似時段。電視台出售時段給候選人，價格不得高於市場行情。

政府和法院通常援引「匱乏理論」（scarcity doctrine）對於電子媒體進行管制。這意謂平面媒體只需要根據獲利考量決定報導素材。相對地，電視和電台頻道是數量有限的公共財，電視廣告的影響力表現在候選人通常將半數競選經費投注在它上頭。在募款方面，網際網路扮演的角色日漸重要。2008年，歐巴馬陣營透過1000萬網民募得2億美元。

表面看來，美國人民投票率偏低。有些人認為這顯示美國政治運作出了問題。其中包括負面競選手段盛行，好的候選人數目減少，金權泛濫，以及基層支持者流失等等。事實上，過去三十年間美國人民投票率大抵維持穩定。以總統選舉而言，投票率是在55%到60%間徘徊。唯一值得注意的是，18到20歲的選民投票率偏低，並且持續下滑。

美國大小選舉頻繁程度百倍於歐陸內閣國家。造成這種現象的因素包括下述三點：第一，在美國，24個州有創制複決機制，這些州占到美國70%人口；第二，幾乎每個州都有初選機制；第三，某些州民選公職含括範圍廣泛，從警長到最高法院法官都是經由選舉產生。

第二節　國會議員選舉

德國補償性兩票制

德國補償性兩票制的特色包括：第一，具有比例代表制優點，各政黨所獲席次和得票率吻合；第二，勤於耕耘選區議員可望在單一名額小選區當選。

　　為了防止極端政黨坐大及避免出現多黨林立情況，德國兩票制在不分區部分採行對大黨有利的頓特最高平均數法（d'Hondt highest average method）。[1]只要被所屬政黨納入安全名單，候選人大可不必理會選區選民觀感。此外，小黨必須在全國跨越5%得票門檻，或是在3個小選區獲得當選才可以分配不分區席次。

　　對於小黨而言，傳統上跨越5%得票門檻遠比贏得3個小選區來得容易。例如，自民黨從未在聯邦眾院缺席，但是只有該黨黨魁根舍於1990年贏得德國東部故鄉的小選區選舉，綠黨情況大致相仿。

　　1994年情形開始出現變化，在那年國會改選當中民社黨的得票率是4.4%，卻在東柏林贏得4個小選區，進而取得30席眾院議員。2002年，民社黨得票率降為4%，同時只贏得2個小選區，它在聯邦眾院的席次因而大幅縮減。2009年，由民社黨改組而來的左派政黨贏得16個小選區。

　　在小選區部分，全國分為299個選區，每個選區當選一席。各選區合格選民人數不得高於或低於全國平均值三分之一。小選區當選的候選人篤定成為眾議員。不分區候選人當選與否除了取決所屬政黨得票率外，還須視本黨在小選區部分取得席次而定。假設社民黨在政黨部分得票率為40%，不分區席次即為該邦總席次乘以40%，再減去小選區當選席次。

　　假設政黨在小選區當選席次比例高於不分區得票率又當如何？一旦

---

[1]　關於頓特最高平均數法，以及是項規則為何對大黨有利。見王業立，《我國選舉制度的政治影響》，（台北：五南），民國85年，頁29至31。

出現此種情形，該黨可以保有多出席次。畢竟，小選區勝選的候選人無從剔除其當選資格，此即為何德國眾院席次時有增減。近年來，德國眾院超額當選員額穩定增加，引發關注。2021年，眾院席次來到736席。

德國國會選舉投票率平均高於本書提到的其他國家，這顯示德國人民具備強烈的社會責任感。再者，制度也會提高人民投票意願。例如，國會選舉結果取決於第二票，而且都會選在星期天舉行。無論如何，1990年代以後對於政治和政黨感到失望的選民比例穩定增加，越來越多人成為中間選民。政黨解組不見得是件壞事，各政黨必須更加努力爭取選民支持。

法國國會議員選舉

法國國會兩院當中，國民議會多數時候採行兩輪投票制，只有1986年以縣為選區的比例代表制產生。根據這項制度，第一輪投票中得到過半選票的候選人即宣告當選，但書是投票率必須達到登記選民四分之一。倘若沒有候選人在第一輪投票脫穎而出就必須舉行第二輪投票，由先前得到12.5%合格選民選票的候選人一決勝負。

12.5%門檻較第五共和最初規定的5%與1966年修改後的10%為高，因此有效抑制小黨候選人進入第二輪機會。多數時候僅有兩人進入第二輪，三人以上情形絕無僅有。第二輪投票當中，得票最高候選人獲得當選。

第五共和以兩輪投票取代比例代表制，著眼點和衍生影響包括：第一，削弱左派勢力。1958年首屆國會選舉，反對戴高樂的共黨得票率略

高於支持戴氏的新共和聯盟，但只得到10席。相對地，新共和聯盟取得212席。受惠於左小右大政治生態，右派在第二輪投票占盡優勢。除非有兩位實力相當候選人同時進入第二輪，右派可望在多數選區藉由選民策略性投票勝出。這種情形直到1980年代民族陣線崛起，並且逐漸瓜分右派票源才稍有改觀。

第二，壓縮小黨空間。第四共和採行比例代表制，隨之而來的小黨林立對政治穩定造成傷害。第五共和改採兩輪投票制，主要政黨數目逐漸減少。法國向具多黨傳統，但是目前稍具實力政黨約在10個左右。

兩輪投票制不利於缺乏友黨合作的政黨。以民族陣線為例，1997年國會改選的第一輪投票當中，該黨以15.2%得票率緊追社會黨及共和聯盟，但是孤軍奮戰使得它在第二輪僅有土倫市長謝瓦里耶（Jean-Marie Le Chevallier）一人當選。假設當時採行1986年比例代表制，民族陣線可望獲得77席。

1985年密特朗修法將國民議會議員改由比例代表制產生，雖然這項改革只適用1986年一次選舉，卻對政黨生態造成重要影響，民族陣線得到35席，奠定在法國政壇一席之地，因此論者以為是密特朗讓民族陣線登上政治舞台。

1999年，法國修改憲法，試圖進一步落實男女平權理念，隨之而來的選舉辦法規定各政黨應該在每次國民議會選舉當中提名相同數目的男性和女性候選人。假設兩性候選人人數差距超過該黨提名總數的2%，政府將減少給予公費補助。2002年法國舉行國會改選，沒有任何政黨達到這項要求，男性當選人更是遠遠超過女性。

男女平權原則在採行比例代表制精神的參院選舉，特別是歐洲議會選舉當中得到較佳實踐。各黨必須按照一男一女，或是一女一男順序提出候選人名冊，因而拉近男女當選人之間人數差距。

法國參議員採行間接選舉，他們任期六年，每三年改選半數。2003年，法國修改參議員任期和選舉辦法，候選人年齡門檻由35歲降到30歲，2011年參議員人數來到348人，其中326名議員來自以縣為單位的選舉，10人來自海外領土，12人是僑選代表。

在以縣為單位選舉當中，選舉團成員包括國民議會議員、行政區議員、縣議員，以及市級議會代表。95%選舉人來自市級代表，2000年以後，每個市鎮的選舉人數目取決於人口多寡。目前，70個縣的參議員應選名額不超過3人。在這些縣，參議員選舉採行小選區兩輪投票制。另外，30個縣的應選名額為4人或4人以上。在這些縣，參議員選舉採行比例代表制。

英國小選區單一當選制

小選區單一當選制（single-member plurality system）最大影響在於迫使選民從事策略性投票（strategic voting）。加上功利主義政治文化，英國選民希望自己一票能夠決定勝負，而不僅僅是表達立場，因而提高游離選民（floating voters）重要性。1945年以後，執政黨都未能夠在國會選舉當中得到過半選票，因此少數選民投票意向經常能夠左右全局。

在英國，家庭對於選民投票傾向影響有限。除了北愛爾蘭以外，

宗教信仰影響微不足道。此外,政黨選民基礎看不出明顯性別差異,只不過女性政治參與程度較低,同時較少向中高階層流動。例如,地方議會男性議員人數是女性兩倍。2005年國會改選,女性候選人數目創下新高,然而男性候選人和當選人都四倍於女性。是年,女性議員在646席當中占128席。

英國是個務實民族,不講究學歷,選民平均只具備高中學歷,也就是在17歲投入職場。以往高學歷幾乎和保守黨支持者畫上等號,現在則非如此。在大學畢業生當中,投給工黨選民數目已經超過保守黨。社會菁英大抵平均分布在三個主要政黨,其中又以自民黨菁英傾向最為明顯。

三分之一國會議員是伊頓(Eton)和哈洛(Harrow)這類公學校友,三分之二議員擁有大學學歷,四分之一議員來自劍橋和牛津,學歷重要性超過當事人家世背景。

晚近階級對於政黨認同的影響逐漸減少。不過,工會成員,以及公有住宅居民傾向支持工黨。相對地,保守黨在自有住宅族群當中得到較多支持。英國法律禁止媒體出售廣告版面給政黨和政治人物,買主也不得標舉政治主張。

如同美國,英國政黨通常謹守中間路線。1983年,工黨黨魁傅特(Michael Foot)提出左傾的競選宣言,並且在國會改選中慘敗給保守黨。因此,這項宣言被譏諷是「篇幅最長的自殺遺言」。然而,媚俗也不見得討好,例如布萊爾曾經表示要讓工黨成為「全民政黨」,偏離現實使得他的民調支持度每下愈況。

目前，英國各政黨都強調自己會重視人民切身問題，如刺激經濟和打擊犯罪，重點是哪個政黨或黨魁比較值得信任。在英國，多數選民選黨不選人。當事人能否勝選，政黨屬性比個人特質來得重要，和美國選人不選黨的現象形成對比。

平民院議員任期五年。選舉採行的小選區單一當選制（簡稱小選區制）被視為維繫英國兩黨政治關鍵。在每個選區，無論有多少候選人角逐，均由得票最多者當選。職是之故，大黨會在有勝算的選區集中票源贏得席次。相對地，小黨得票率與席次率間出現可觀落差。兩大黨，特別是最終勝出的執政黨往往在席次分配上占盡便宜。

第三大黨通常不會在所有選區提名候選人。在某些選區，它會和大黨合作或是放棄。以1974年10月國會改選為例，自由黨提名600餘人在全國各地參與角逐。選舉結果，該黨得到530萬張選票，是蘇格蘭民族黨六倍。然而後者得到11席，僅較自由黨少2席。1974到1997年間，第三大黨得票率往往超過工黨二分之一，但是席次比例卻不到工黨十分之一。

除了全面改選（general election）外，補選（by-election）也會對席次分配產生影響。倘若現任議員因為死亡或辭職無法履行職務，便須舉行補選。與此同時，當事人不必然在居住地選區參選。

習於兩黨輪替的英國不適應第三勢力出現。從一戰結束到二戰開始之前，英國六度出現沒有政黨得到過半國會席次情況。執政黨因應之道厥為儘快舉行改選。二次戰後，英國只有在1974年面臨同樣問題。當時工黨同樣援引前述解決辦法，但是隨之而來的混亂情勢直到1979年國會

選舉結束才告塵埃落定。2017年，梅伊提請解散國會，進行改選。保守黨未能單獨過半不僅讓梅伊的政治前途蒙上陰影，也替政局發展投下變數。

美國期中改選

期中改選（midterm election）是美國總統制的特色。美國總統任期四年，眾議員任期兩年。參議員任期六年，每兩年改選三分之一。因此，無論在總統選舉年及稍後期中改選，參眾議院席次都將出現變動。也因此，期中改選被稱為「非總統選舉年的全國性選舉」（off-year election）。

期中改選的理論基礎

制衡原則（check and balance）是美國期中改選的理論基礎。依據總統制憲政架構，行政與立法部門在各自任期中獨立行使職權。任何一方決定沒有最終拘束力。總統無權解散國會，國會亦無權倒閣。準此，如何在合理時間範圍內確認總統施政成敗，並且提供政策調整依據成為制度設計上的重要問題。在這方面，期中改選扮演重要角色。

期中改選的時間與總統選舉有兩年間隔。就國會而言，需要改選的包括全體眾議員和三分之一參議員。透過經常而有規律的選舉，制衡原則得到進一步落實。[2]期中改選結果不僅被視為總統施政成敗的指標，同時會影響政黨間氣勢消長。1994年共和黨在期中改選大獲全勝，若干

---

[2] Andrew Busch, *Horses in Midstream: U.S. Midterm Elections and their Consequences*, (Pittsburgh: University of Pittsburgh Press, 1999), p. 9.

學者因此看好它能夠「長期執政」。2002年，共和黨贏得期中改選，小布希認為多數選民支持他著手進行攻伊戰爭。

因此，總統及其所屬政黨向來重視期中改選。他們都不希望受到選民背棄。假設改選結果是負面的，不僅總統政治前途堪虞，同時在任期屆滿前的施政也將受到阻礙。

儘管如此，總統幾乎都會在期中改選損失眾院席次。1890年到1994年間，這項法則只出現過一次例外。1934年，羅斯福所屬民主黨在期中改選中增加9席眾院席次。據統計，1906年到1982年歷次期中改選，總統所屬政黨平均較兩年前損失36席眾議員。

為何總統會在期中改選受挫？多數學者認為這是加持效應（coattail effect）減弱結果。例如，坎貝爾（James Campbell）提出所謂「升降理論」（surge and decline theory），他認為一方面總統選舉能夠提高眾議員選舉的投票率，另一方面總統當選人有助於同黨眾議員候選人選情。因此，總統所屬政黨在眾院掌控的席次將會達到頂點。相對地，上述兩項有利因素在期中改選並不存在，總統所屬政黨損失席次是意料中事。[3]

再者，布斯克（Andrew Busch）提出加持理論（coattail theory）補充坎貝爾論點。他認為如果總統施政能夠得到選民認同，所屬政黨在期

---

[3] James Campbell, "The Presidential Surge and its Midterm Decline in Congressional Elections, 1868-1988", *Journal of Politics*, Vol. 53, No. 2, May 1991, p. 477. 期中選舉的投票率通常較大選年為低。派特森指出，1960年以來，總統選舉投票率從未超過60%。相對地，1920年以後，期中選舉的投票率從未超過50%。這項數字在1970年以後更低到40%以下。見 Patterson, op.cit., p. 189.

中改選損失的席次將減至最低。倘若不然，該黨在眾院的席次數目將大幅滑落。後者稱為「對總統的懲罰」（presidential penalty）。布斯克論點顯示，總統施政不易在短期內得到立竿見影效果。

期中改選實踐

無論從加持效應或對總統的懲罰角度來看，1994年美國期中改選均屬典型案例。選舉結果，柯林頓所屬民主黨在眾院損失52席，結束該黨連續四十年控制眾院多數的紀錄。參院改選方面，民主黨也受到重挫。損失8席使得該黨將參院多數地位一併讓給共和黨。[4]論者以為，柯林頓的政治前途似將提前結束。[5]

柯林頓何以受到嚴厲懲罰？傳統上被視為關鍵的經濟表現或許不是主因。坎貝爾指出，1994年美國經濟成長率為2.5%，高於1946年以來期中改選年的平均值1.4%。多數學者認為經濟表現良好未必對總統所屬政黨有利。然而，經濟表現不佳肯定會使該黨受到選民懲罰。[6]

柯林頓受到懲罰，大抵受到四項因素影響。第一，他推動的全國性健保制度不受選民青睞；第二，處理波士尼亞等外交危機予人優柔寡斷印象，對總統個人魅力造成傷害；第三，1994年初爆發白水案醜聞（Whitewater Scandal），多名政府官員被迫辭職下台，白宮形象一

[4] James Campbell, "The Presidential Pulse and the 1994 Midterm Congressional Elections", *Journal of Politics*, Vol.59, No. 3, August 1997, p. 830.

[5] 相關評論見 Philip Klinkner, *Midterm: The Elections of 1994 in Context*, Westview Press, 1996, p. 21. 復見蔡瑋，「一九九四年美國期中選舉之研究」，問題與研究，第34卷第1期，民國84年1月，頁1。

[6] 晚近經濟因素對於美國選舉勝負的影響再度成為焦點議題。2004年總統選舉，小布希贏得失業率偏高的俄亥俄州，進而贏得連任。論者以為所謂國旗熱情及保守派實力增加是造成經濟考量退居次要地位的主因。

落千丈；第四，柯林頓在槍枝管制等議題上採取的立場招致保守選民不滿。

經歷期中改選慘敗，柯林頓被迫和握有國會多數的共和黨妥協。首先在健保制度改革方面，柯林頓改採溫和漸進路線；其次，柯林頓指派共和黨籍柯恩（William Cohen）出任國防部長，兩者目的厥為因應期中改選後新的國會生態。相對地，共和黨籍眾院議長金瑞契（Newt Gingrich）躊躇滿志，不時以「白宮共同主人」自居。

值得注意的是，對總統懲罰概念不適用最近幾次期中選舉。1998年，柯林頓所屬的民主黨在眾院增加5席。2002年，小布希一方面在參院取得51對49席優勢，另一方面繼續握有眾院多數席次。然而，這兩次選舉各自有其特殊背景，是否會扭轉長期以來的趨勢尚難斷言。

在美國國會選舉當中，政治行動委員會（political action committee, PACs，簡稱行動委員會）地位重要。1974年，美國國會通過聯邦競選活動法案（Federal Election Campaign Act）。自此，行動委員會不僅數目增加，行動也更加積極。

上述法案有兩項重點：第一，個人提供政黨或候選人獻金，金額上限受到嚴格控制。相對地，換做行動委員會這類團體，獻金金額上限便大幅放寬；第二，工會和企業不得直接提供政黨或候選人獻金，贊助競選活動。不過，他們可以成立行動委員會。只要獻金來自成員自願捐獻，不是靠收取會費募集，相關委員會有權贊助競選活動。

行動委員會必須向聯邦選舉委員會註冊成立，並且按時提出收支報

告。對於特定候選人，行動委員會可以在初選階段贊助5000美元，到了正式選舉再贊助5000美元，然而它支持多少候選人，贊助政黨多少錢，加總起來沒有法定上限。

此外，只要政黨和候選人無權決定用途，行動委員會花在利於他們競選活動的錢也是沒有上限。針對購買政黨形象廣告的軟錢（soft money）漏洞，國會在2002年通過「麥肯─芬哥德」（McCain-Feingold Act）法案，試圖加以防堵。

總統候選人得到聯邦政府慷慨補貼，2008年麥肯（John McCain）參選總統，在3億美元競選開支當中，聯邦補助23%。相對地，歐巴馬競選活動耗費7億5,000萬美元。他放棄政府補貼，目的是免除競選經費上限限制。

多數行動委員會將重點放在聯邦參眾議員選舉上頭，議員候選人競選開支當中平均有28%來自行動委員會。

行動委員會主要分做三類。第一類是產業代言人。例如，通用汽車和可口可樂都會成立行動委員會，保障自身權益；第二類試圖促使政府在特定議題採取有利於他們的政策。在這方面，支持和反對墮胎，加強和放寬槍枝管制始終糾纏不清；第三類是意識形態傾向的行動委員會，如促進男女平權。做為金主，行動委員會可以和民選公職搭上線，但是未必能夠決定當事人在議會的投票行為。

除了提供獻金，遊說也是行動委員會倚重的策略。多數壓力團體和政治人物認為行賄一途過於骯髒及危險，不值一試。然而，不愛惜羽毛

的仍舊大有人在。今天，當事人最應顧慮的或許是媒體無孔不入。2005年，共和黨籍眾議員康寧漢（Randall Cunningham）收賄醜聞被聖地牙哥報紙披露，他被判處八年徒刑，揭發此事的記者則成為普立茲新聞獎得主。

第三節　公民投票

根據巴特勒（David Butler）與蘭尼定義，「公民投票意指大規模選民針對特定公共事務進行表決。」[7]支持者認為公投可以彌補代議政治不足，反對者則對公投民粹反智的本質感到憂慮。

英國公投

直到1970年代，公投向被認為違反英國國會主權憲政傳統。控制國會多數的執政黨足以通過任何法案，沒有直接訴諸民意必要。然而，隨著英國成為歐洲共同體（簡稱歐體）會員國，情形有所轉變。保守黨及工黨內部都存在不容忽視的贊成與反對聲音。

1971年，保守黨希斯政府與歐體其他會員國完成入會談判，英國入會成為定局。受到黨內左派勢力影響，工黨主張透過公投決定英國是否加入。無如工黨當時是在野黨，因此儘管公投構想得到民意支持，卻未被保守黨政府採納。[8]

7　見 David Butler and Austin Ranney ed., *Referendum Around the World*, (Washington D.C.: The AEI Press), 1994. p. 1.
8　見 Vernon Bogdanor, "Western Europe", in Butler and Ranney, op.cit., pp. 38-42.

1973年元旦，英國成為歐體會員國。次年2月，工黨在國會改選中獲勝，奪回執政地位。由於歐體將大部分資源用於共同農業政策，英國在會費負擔與回收問題上吃虧情況日益明顯，新政府認為有必要和歐體其他會員國就入會條件重開談判。[9]

1975年，工黨威爾森政府將新的入會協議交付公投，並且表達希望選民接受的立場。這是英國第一次全國性公投。與此同時，威爾森聲明內閣閣員對於入會建議不負連帶責任，這也是1932年聯合政府以來首例，7名閣員因此公開主張退出歐體。

公投結果，67%選民投票贊成，33%反對。英國繼續留在歐體。1976年，工黨首相賈拉漢將同項議案送交國會表決。由於賈拉漢同意工黨議員自由投票，72位工黨議員投下反對票。國會則以381對98票贊成英國留在歐體。

雖然英國政治人物認為1975年公投是可一不可再的例外情形，但是多數學者不做此想，事實也證明如此。1979及1997年，工黨政府兩度將擴大自治法案交付蘇格蘭和威爾斯人民複決。

2001年，英國舉行國會改選，期間工黨首相布萊爾承諾將「英國是否加入歐元體系」問題交付公投。困難在於民調顯示，反對放棄本國貨幣的英國民眾高達三分之二，因此布萊爾不急著兌現競選承諾。2004年，布萊爾聲稱將歐洲憲法交由人民複決，同樣未成事實。

---

[9] 對此，嗣後保守黨柴契爾政府亦深感不滿。柴契爾公開表示「還我錢來」（I want my money back.）。經過協商，這項問題在1984年楓丹白露協定中依「付出與回收相符」原則得到解決。見 Philippe Moreau Defarge, L'Union européenne, (Paris: Armand Colin), 1993, pp. 77-79.

2011年，保守黨和自民黨聯合政府依照一年前協定將選制改革交付公投，結果近七成選民否決這項提案，維持原來選制。

部分因為英格蘭以外地區持續爭取自治權利，地方性公投較為常見。1997年，英國同意蘇格蘭和威爾斯舉行自治公投。在蘇格蘭，自治提案得到74%選民贊成。在威爾斯，相關數據降至50.3%。2014年，蘇格蘭舉行獨立公投，結果以45%贊成和55%反對遭到否決，重點是公投的程序問題。

1999年，蘇格蘭議會取得立法，徵稅和撥款各項權限，並且由工黨和自民黨組成聯合政府。2007年，蘇格蘭民族黨（SNP）在129席當中取得47席，由黨魁塞蒙德（Alex Salmond）組成少數政府。蘇格蘭民族黨主張舉行獨立公投，卻無法取得必要的議會多數。2011年，民族黨在議會改選當中取得過半的69席，獨立公投這才取得正當性。

2012年，英國政府同意立法讓蘇格蘭舉行獨立公投，條件是公投程序必須「公平、合法，並且具有決定性」。之後，塞蒙德反覆強調如果公投不過，至少要等一個世代才能再有這樣機會。

2012年，蘇格蘭和英國政府達成愛丁堡協定。2013年，蘇格蘭議會通過獨立公投法案做為法源，法案當中規範投票年齡和選民資格，以及公投命題。在命題方面，公投議題是「蘇格蘭應否成為獨立國家」，選民只有贊成和反對兩個選項。在選民資格方面，選民必須是蘇格蘭居民，網球選手墨瑞（Andy Murray）因此被排除在合格選民之外。

選舉結束，塞蒙德替公投失利負起政治責任，一併辭去蘇格蘭總理

和民族黨黨魁。類似情形出現在2016年英國脫歐公投（Brexit）。選舉由脫歐派以52%多數贏得勝利。卡麥隆在這個時候舉行公投，無非自認穩操勝券，試圖透過公投拉抬聲望。結果事與願違，卡麥隆辭職負責，由同黨梅伊繼任首相。

法國公投

在法國，1962年公投引發重大爭議，原因在於戴高樂援引的不是憲法第89條，而是第11條。後者規定總統有權將公權力組織調整事宜交付公投，多數學者認為這次公投並不符合憲法規定。

為何戴高樂援引憲法第11條而非第89條？原因在於第89條規定的修憲程序必須得到國會兩院一致同意。1962年，國民議會率先對龐畢度政府提出譴責案，因此戴高樂除了援引憲法第11條別無選擇。

援引第11條公投修憲衍生下述問題：第一，有了第89條，足證第11條所稱法案不包括憲法修正案；第二，依照共和傳統與立憲原意，包含修憲案在內一切法案必須得到國會同意；第三，假設選民否決總統循此提出的修憲案，總統應辭職負責。

1969年，戴高樂故技重施，試圖透過公投化解工運學潮等接踵而至的政治危機。這次公投引發兩點爭議。首先，公投提案之一，「將參院改為諮詢機構」遭到國會反對。其次，是項提案與另一個「調整行政層級，設置行政區」提案毫無關連。

投票前夕，戴高樂自知處境不利，因此向前一年被他免去總理職務的龐畢度求援。他甚至要求龐畢度公開宣示假設公投結果不利，後者將

不會參加之後的總統改選。龐畢度拒絕這項要求。選舉結果，反對戴高樂提案的票數接近1,200萬，贊成者則為1,050餘萬，戴高樂宣布辭職。

戴高樂之後，多位總統援引憲法第11條交付公投，此種做法似已成為憲政慣例。有了1969年戴高樂前車之鑑，總統均事先聲明不為投票結果負責。質言之，「無論結果如何」，他們都不會辭職。值得注意的是，公投事項即使未獲國會多數支持，至少得到默許，共和傳統漸次恢復。

在這方面，國民議會議員選舉制度的修正是項佐證。1985年，密特朗透過國會多數將其改為比例代表制，是時季斯卡代表右派在野聯盟籲請密特朗將本案交付公投，密特朗置之不理。翌年，右派在國會改選獲勝。席哈克政府逕自將恢復兩輪投票制提案交由國會通過，先前的「公投決定論」不了了之。

2005年，右派拉法漢政府將歐洲憲法交付公投，部分因為失業率居高不下，這項公投案遭到否決，拉法漢被迫辭職，席哈克聲望隨之重挫。2008年，修改後的憲法賦予人民公投提案權，然而提案必須得到五分之一國會議員和十分之一合格公民連署。

小結

揆諸西方國家選舉，兩點考慮最關緊要。第一是必須符合多數決定（majority rule）原則，所謂多數是「制度性多數」，有無過半並非首要考量；第二，票票等值概念應當在國會選舉中得到落實。理論上，比例代表制比小選區制更能忠實反應選民偏好，然而，一方面它會破壞兩

黨制國家政黨輪替傳統，所以不為英美兩國採用。另一方面，比例代表制會造成多黨林立與極端政黨坐大，法國因而改採兩輪投票制。

　　晚近英法等國公投案例有增多趨勢。需要注意的是：第一，揆諸英法慣例，公投正當性基礎早非「濟代議政治之窮」，而是尋求直接和間接民意合致。觀乎兩國公投實踐，並無以直接民主對抗代議政治先例。公投法源來自國會，交付公投亦須得到國會明示或暗示同意。無論首相或總統，多數時候是將有勝無敗議題交付公投，藉以強化決策正當性與個人聲望。

　　近五十年來，凡是國會反對的提案即無交付公投可能，1962年法國變更總統選制是唯一例外，更不用說美國和德國都沒有全國性公投的制度設計。

　　第二，公投應有助於創造實際法律效果。例如，1975年英國因為三分之二選民投票贊成而留在歐體。又例如，2005年法國人民經由公投拒絕批准歐盟憲法，季斯卡因而無緣出任首位「歐洲總統」。倘非如此，公投只會造成浪費資源的結果。

綜上所述，本書試圖借鏡西方國家經驗釐清下述問題。

第一節 國會主權

前文提及，行政強勢是西方民主國家的共同現象。然而，時至今日各國不約而同透過兩種手段約束首長濫權。第一，各國賦予國會較大權限，突顯國會主權原則。2001年，英國通過國會任期固定法案是典型案例。第二，各國試圖強化首長的可課責性，如2014年法國訂定彈劾總統法律。

在美國，彈劾（impeachment）是迫使總統去職的唯一途徑。雖說當事人違法在先是提案前提，但實務上始終具有政治審判色彩。1998年，柯林頓因為偽證遭到彈劾。雖然他在與陸文斯基的關係上說謊，但是彈劾案仍舊只得到55票，無法跨過三分之二多數門檻。

在採行雙首長制的法國，2014年以前第五共和將總統定位成憲法守護者，沒有彈劾可能。對於違法或不適任的總統，國會有權循由倒閣迫使他成為虛位元首，甚至辭職。

1962年，法國國會通過倒閣決議。倘非戴高樂在嗣後公投及國會

解散改選中接連獲勝，勢必提前接受七年後發生的命運。由此可見，即使沒有彈劾規範，國會仍然能夠根據人民主權及多數統治原則迫使總統知所進退。

2012年，席哈克為了實現競選承諾而推動修法，法國出現美國那樣的彈劾總統機制。重點是提案必須得到十分之一國會議員和十分之一參議員連署，再得到三分之二國會議員和三分之二參議員表決通過，就可以將當事人送交高等共和法院審判。

同樣基於國會主權原則，行政部門要能順利施政，取得國會多數支持是不二法門。在這方面，德國總理產生方式值得借鏡。在德國，只有得到過半國會議員支持的政黨領袖才有出任閣揆資格。國會以相對多數推舉的人選，總統可以選擇任命，也可以解散國會進行改選。2008年以後，法國確立信任投票規範，著眼點同樣在於尋求握有穩定多數的政府。

第二節　聯合政府

聯合政府只出現在內閣制和雙首長制國家。總統制強調分立與制衡，沒有組成聯合政府必要。以美國為例，從小羅斯福到老布希，8位總統中有6位必須面對所屬政黨在國會兩院或其中一院未能擁有過半席次。從1953到1993年，共和黨控制白宮達28年。與此同時，該黨在參院占多數時間僅有8年，並且從來不曾取得眾院多數，但是美國不曾出現聯合政府。

　　除了總統制國家，執政者在國會改選中失利便須交出政權。在這方面，英國最早於1924年形成憲政慣例。假設執政黨於國會改選中喪失多數地位，英王即不應邀其組閣，而應邀請先前反對黨中得到較多席次者組閣。2010年，英國出現三黨不過半局面，工黨爭取組閣權未果其理在此。

　　晚近，類似情形出現在德國。2005年，執政的社民黨在德國國會改選中損失席次。儘管反對黨基民黨也無法控制過半席次，最終仍然由該黨黨魁梅克爾組成大聯合政府。

　　就現實而言，第一大黨仍有可能無法主導聯合政府。以1986年法國國會選舉為例，得到最多席次的社會黨（211席）甚至無從參與聯合政府。原因在於右派共和聯盟（158席）及民主同盟（130席）共同取得288席。因此，密特朗只能任命第二大黨領袖席哈克出任閣揆，籌組聯合政府。可見在聯合政府籌組過程中，穩定多數考量高於第一大黨。

第三節　公投性質

　　在西方國家，公投的相關問題包括議題設定、辯論程序、投票時間，以及可決門檻等等，其中以議題設定最為關鍵。在這方面，兩點值得注意。

　　第一，國會多數交付公投，應採正面陳述，如1975年英國的歐體公投，工黨威爾森政府將入會協議交付公投，同時表達希望選民接受的立場，結果67%選民投票贊成，英國留在歐體。又例如，1992年法國總

統密特朗將馬斯垂克條約交付公投，得到51%贊成票過關。

　　第二，揆諸先進國家經驗，執政黨只有在兩種情況下會交付公投，一是當事人將有勝無敗議題提交選民複決，提高政府聲望。另一種情形則是政府不確定自己政策是否正確，要求選民做出最終決定。

　　以前者而言，2000年法國總統席哈克將縮短總統任期議案交付修憲公投是典型案例。如果情況屬於後者，執政黨對於結果應該抱持開放態度，尊重選民決定。英國的歐體公投和脫歐公投都是如此，1975年工黨威爾森政府雖然主張留在歐體，卻也願意接受相反的公投結果。2016年，英國通過脫歐公投，保守黨政府隨即啟動脫歐程序。

參考書目

中文部分

王業立，比較選舉制度，7版，（台北：五南），民國105年。

胡祖慶，後冷戰時期的東歐，（台北：五南），民國89年。

張台麟，法國政府與政治，4版，（台北：五南），民國102年。

隋杜卿，中華民國的憲政工程，（台北：韋伯），民國90年。

鄒文海，各國政府與政治，（台北：正中），民國89年。

西文部分

Almond, Gabriel, et al., *Comparative Politics Today: A World View*, 9th Edition, (NY: Pearson), 2008.

Balfour, Michael, *Germany: The Tides of Power*, (London: Routeledge), 1992.

Busch, Andrew, *Horses in Midstream: U.S. Midterm Elections and their Consequences*, (Pittsburgh: University of Pittsburgh Press), 1999.

Butler, David and Austin Ranney eds., *Referendums around the World*, (Washington D. C.: The AEI Press), 1994.

Campbell, James, "The Presidential Surge and its Midterm Decline in Congressional Elections, 1868-1988", *Journal of Politics*, Vol.53, No.2, May 1991.

"The Presidential Pulse and the 1994 Midterm Congressional Elections", *Journal of Politics*, Vol.59, No. 3, August 1997.

Chain, Martin , "The National Front and the Legislative Election of 1997", in Michael Lewis-Beck ed., *How France Votes*, (New York: Seven Bridges), 2000.

Cole, Alistair, and Peter Campbell, *French Electoral Systems and Elections Since 1789*, (London: Gower), 1989.

Crabb, Jr., Cecil V. and Pat M. Holt, *Invitation to Struggle: Congress, the President and Foreign Policy*, (Washington D. C.: Congressional Quarterly Press), 1980.

Dalton, Russell J., *Politics in West Germany*, (Gleinview Illinois: Scott, Foresman and Company), 1989.

Declair, Edward G., *Politics on the Fringe: The People, Politics and Organization of the French National Front*, (London: Duke University Press), 1999.

Duverger, Maurice, *Political Parties*, (London: Lowe & Brydone), 1972.

Evans, Eric J., *Thatcher and Thatcherism*, (NY: Routledge), 1997.

Flinders, Matthew et al eds, *The Oxford Handbook of British Politics*, (Oxford: Oxford University Press), 2009.

Green, Simon, Dan Hough and Alister Miskimmon, *The Politics of the New Germany*, 2nd edition, (NY: Routeledge), 2012.

Jackson, Donald and Neal Tate eds., *Comparative Judicial Review and Public Policy*, (Westport CT: Greenwood), 1992.

Jackson, John and William Crotty, *The Politics of Presidential Selection*, (NY: Addison-Wesley), 2001.

Klinkner, Philip, *Midterm: The Elections of 1994 in Context*, (Boulder Co: Westview Press), 1996.

Knapp, Andrew, *Gaullism since de Gaulle*, (England: Dartmouth), 1994.

Marcus, Jonathan, *The National Front and French Politics*, (London: Macmillan), 1995.

Moreau Defarges, Philippe, Les institutions européennes, (Paris: Armand Colin), 1993.

Patterson, Thomas, *We the People*, (NY: MaGraw-Hill), 2002.

Pactet, Pierre et Ferdinand Mélin-Soucramanien, *Droit constitutionnel*, (Paris: Sirey), 2006.

Perlmutter, Amos, and Ted Galen Carpenter, "NATO's Expensive Trip East", *Foreign Affairs*, Vol.77, No.1, January/February, 1998.

Rasmussen, Jorgen S. and Joel Moses, *Major European Governments*, (Belmont CA: Wadsworth), 1995.

Rouvier, Jean, *Les grandes idées politiques*, (Paris: Bordas), 1973.

Safran, William, *The French Polity*, (New York: Longman), 2003.

Simmons, Harvey, *The French National Front*, (Boulder Co: Westview Press), 1996.

Sternhell, Zeev, *Neither Right nor Left: Fascist Ideology in France*, (Berkeley: University of California Press), 1986.

Stevens, Anne, *The Government and Politics of France*, (New York: St. Martin's Press), 1992.

Wilson, James Q., *American Government: Brief Version*, (Lexington MA: D.C. Heath and Company), 1990.

國家圖書館出版品預行編目資料

比較政府與政治／胡祖慶著. -- 九版. --
臺北市：五南圖書出版股份有限公司，
2022.08
　面；　公分
　ISBN 978-626-343-135-5 (平裝)

1.CST: 比較政府　2.CST: 比較政治

572　　　　　　　　　111011844

1PG6

比較政府與政治

作　　　者 ― 胡祖慶（171）

發 行 人 ― 楊榮川

總 經 理 ― 楊士清

總 編 輯 ― 楊秀麗

副總編輯 ― 劉靜芬

責任編輯 ― 黃郁婷

封面設計 ― 王麗娟

出 版 者 ― 五南圖書出版股份有限公司

地　　　址：106台北市大安區和平東路二段339號4樓

電　　　話：(02)2705-5066　　傳　　真：(02)2706-6100

網　　　址：https://www.wunan.com.tw

電子郵件：wunan@wunan.com.tw

劃撥帳號：01068953

戶　　　名：五南圖書出版股份有限公司

法律顧問　林勝安律師事務所　林勝安律師

出版日期　2001年11月初版一刷
　　　　　2022年 8 月九版一刷

定　　　價　新臺幣320元

經典永恆・名著常在

五十週年的獻禮 —— 經典名著文庫

五南，五十年了，半個世紀，人生旅程的一大半，走過來了。

思索著，邁向百年的未來歷程，能為知識界、文化學術界作些什麼？

在速食文化的生態下，有什麼值得讓人雋永品味的？

歷代經典・當今名著，經過時間的洗禮，千錘百鍊，流傳至今，光芒耀人；

不僅使我們能領悟前人的智慧，同時也增深加廣我們思考的深度與視野。

我們決心投入巨資，有計畫的系統梳選，成立「經典名著文庫」，

希望收入古今中外思想性的、充滿睿智與獨見的經典、名著。

這是一項理想性的、永續性的巨大出版工程。

不在意讀者的眾寡，只考慮它的學術價值，力求完整展現先哲思想的軌跡；

為知識界開啟一片智慧之窗，營造一座百花綻放的世界文明公園，

任君遨遊、取菁吸蜜、嘉惠學子！